Par Éric Albert et Jean-Luc Emery

Préface de Sophie Bellon

Le manager est un psy

Éditions
EYROLLES

Éditions Eyrolles
61, bd Saint-Germain
75240 Paris Cedex 05
www.editions-eyrolles.com

Merci à Pascale-Marie Deschamps
pour son soutien efficace et précieux.

À nos clients qui nous ont tout appris, tout en ayant la délicatesse de parfois nous laisser entendre que nous avons été utiles.

À l'équipe de Uside dont l'intelligence, la curiosité et le dynamisme nous nourrissent au quotidien et ont contribué à la gestation de ce livre.

Sommaire

Préface

Lorsqu'Éric Albert et Jean-Luc Emery m'ont demandé de signer la préface de leur livre, je les ai interrogés sur les raisons pour lesquelles ils avaient pensé à moi. Ils m'ont alors parlé de la spécificité de Sodexo, entreprise qui a bâti son succès sur une très forte tradition managériale. Ils ont aussi évoqué la particularité de ma position. En tant que présidente et actionnaire majoritaire de contrôle, je suis impliquée au quotidien dans la définition et la mise en œuvre de la stratégie de l'entreprise. Mais les moyens de mon action ne passent pas par le management puisque c'est notre directeur général qui est responsable de nos équipes. Cette situation particulière me place dans une position de choix pour observer, jour après jour, les effets produits par le management et leur plus ou moins grande congruence avec les enjeux auxquels l'entreprise fait face.

Le « changement de paradigme inédit » dans lequel se trouvent aujourd'hui les grandes entreprises place les managers face à une contradiction sans précédent. Comment « maintenir la rente » qui a fait le succès de nos *business models* établis de longue date, tout en se donnant les moyens de « se projeter dans les rêves d'hypercroissance » véhiculés par de nouveaux acteurs plus agiles, plus rapides et plus agressifs ? Sodexo ne fait pas exception. Nous devons, nous aussi, repenser notre modèle de création de valeur économique, et également sociale.

Nos métiers de services requièrent peu de capital et d'immobilisations. Ils reposent avant tout sur le savoir-faire des femmes et des hommes, du dirigeant à l'employé de terrain sur lequel repose *in fine* la satisfaction nos consommateurs. De ce fait, le management constitue, chez Sodexo, un savoir-faire indispensable dans nos réussites comme dans nos échecs. Mais aujourd'hui, sous l'effet de la révolution digitale et du progrès technologique, le service se désintermédie peu à peu. La caissière d'un restaurant peut être remplacée par une caisse automatique, et le restaurant lui-même peut céder la place à une plate-forme digitale de livraison de repas. Le savoir-faire managérial qui a fait notre succès est fragilisé par ces mutations. Comment le réinventer pour garantir qu'il continue à nourrir notre performance et préserver ce qui a fait ses preuves sur le plan de la rentabilité ? C'est une question de survie économique que l'on ne peut négliger lorsque l'on a la responsabilité de 460 000 collaborateurs à travers le monde. Cette question essentielle de repenser le management est très bien traitée dans ce livre qui montre qu'il n'y a plus un seul mode de management, mais plusieurs, et qui explique comment chaque manager peut trouver le sien.

En tant que dirigeant, c'est bien humain, on projette souvent son action uniquement à l'échelle de sa propre carrière. Malheureusement, cela peut mener à faire prévaloir sa volonté d'assurer la rente, et servir de prétexte inconscient à l'immobilisme. C'est de là que naissent bon nombre des incohérences insurmontables, dont dirigeants, managers et collaborateurs font les frais.

Dès lors, comment ne pas adhérer avec enthousiasme à l'idée que le moyen le plus sûr d'affronter avec succès les défis stratégiques actuels et de faire face à la pression de l'environnement extérieur passe avant tout par un travail approfondi sur l'humain dans l'entreprise ? J'ai la chance de diriger Sodexo, dont l'indépendance financière, assurée par le contrôle familial, est garantie pour de longues années. Le fait d'inscrire mon action dans le très long terme renforce chaque jour ma conviction que les femmes et les hommes vont demeurer au cœur de la valeur ajoutée future de nos métiers de services. Mais je sais aussi que dans le contexte actuel, les recettes classiques du management traditionnel ne suffiront pas à nous permettre de tirer le meilleur parti de nos collaborateurs. *Le manager est un psy*, avant de demander à nos équipes de se remettre en cause, nous propose de commencer par nous interroger nous-mêmes sur ce qui fonde notre valeur ajoutée de dirigeants ou de managers.

Nommée présidente de Sodexo après en avoir été longtemps administratrice et au terme d'une longue carrière dans l'entreprise, je connaissais bien l'organisation. Mais je ne savais pas tout, loin de là. Très tôt, la nature de mon rôle m'a menée à m'interroger quotidiennement sur l'efficacité de mon action et les leviers de mon influence. Quel est mon rôle dans telle ou telle situation ou face à telle ou telle décision ? Est-ce que je remplis ce rôle ? Sinon, que dois-je faire pour rectifier le tir ? La capacité à se poser ce type de questions constitue à mes yeux la valeur ajoutée essentielle d'un manager aujourd'hui. Elle permet le recul indispensable à la nécessaire prise de risques et aux arbitrages sensibles. Personne ne peut tout savoir ou tout contrôler seul. Les uniques choses qu'un dirigeant peut tenter de cultiver sont la lucidité et l'humilité nécessaires pour s'interroger en permanence sur sa fonction, et l'écart entre la façon dont il la remplit et dont il devrait la remplir. Ce livre invite les managers à organiser ce travail avec eux-mêmes pour protéger leur liberté psychique, reprendre conscience et agir en conséquence.

Seule cette introspection continue permet d'aligner son discours, ses comportements et ses actions avec les impératifs de sa fonction. Cette souplesse psychique et comportementale ne va pas de soi. C'est un travail qui doit être mené en continu et dont on ne voit jamais le terme. « L'écart entre la conviction et la mise en œuvre du changement sur soi-même […] est un des domaines où les dirigeants sont le plus fragiles. » Cette mise en garde donne du sens à la notion d'exemplarité qui est, depuis toujours, l'une des valeurs essentielles du dirigeant Sodexo. Nous en faisons un devoir et un effort au quotidien, car comme le soulignent les auteurs, « cohérence et authenticité sont les deux mots-clés » pour les salariés qui, jour après jour, font vivre et grandir l'entreprise. Lisez vite ce livre, vous en sortirez vous-même grandi !

Sophie Bellon
Présidente du conseil d'administration de Sodexo

Introduction – Le manager est plus que jamais un psy

Il y a vingt ans, à l'époque où nous écrivions *Le Manager est un psy*, nous étions deux jeunes psychiatres persuadés de pouvoir apporter des conseils (avisés) à ceux qu'on appelait encore des cadres. Fort d'une solide expérience sur les questions de stress au travail, notre regard sur l'entreprise et les modes de management commençait à s'affûter. Pour nous obliger à formaliser notre réflexion sur le sujet, nous avions couché sur le papier nos convictions. Elles s'inscrivaient dans un contexte qui nous paraît désormais très lointain. Aujourd'hui, on peut même s'interroger sur l'intérêt d'écrire encore des livres ! Disons que cela reste une façon de s'arrêter pour réfléchir (tant pour ceux qui les écrivent que pour ceux qui les lisent). Ce qui n'est pas du luxe en cette époque d'accélération continue !

Il y a vingt ans, l'une des évolutions majeures que connaissait l'entreprise était la montée en puissance des services, tant à l'industrie qu'à la personne. La principale difficulté du cadre était de passer du statut d'expert (qui fait) à celui de manager (qui fait faire) ; du technique à l'humain, alors que tout l'incitait à rester dans l'expertise, à commencer par le plaisir qu'il y a à maîtriser un domaine. En bon expert qui avait réussi, on lui avait confié des responsabilités, à charge pour lui de faire en sorte que son équipe produise elle-même un bon niveau d'expertise. « Que chacun fasse bien son travail et tout ira bien », pouvait être la devise de beaucoup de dirigeants.

Dans ce monde où l'industrie se convertissait aux services, la nouveauté était de faire prendre conscience que l'entreprise ne relevait pas de la gestion d'experts par des experts, mais d'individus par des leaders. La compétence très nouvelle que les managers devaient donc intégrer relevait de ce qui constitue la personnalité et les relations des individus, c'est-à-dire leur psychologie. Depuis, ce chemin a été largement parcouru. Les théories psychologisantes fleurissent dans l'entreprise de ce premier quart du XXIe siècle.

Une autre caractéristique des entreprises de cette époque révolue est qu'elles cherchaient à capter l'intégralité de l'individu. Implicitement, elles sélectionnaient leurs élites sur leur capacité à sacrifier leurs champs de vie pour leur seule vie professionnelle. Elles les rémunéraient en échange de ce sacrifice. Le pouvoir et l'argent (symboles de la réussite sociale) étaient les moteurs principaux des individus. S'ils n'ont pas disparu, ces moteurs ne suffisent plus aux générations qui arrivent sur le marché du travail. Collaboration plutôt que compétition, trouver du sens plutôt que de gagner toujours plus d'argent, apprendre plutôt que dominer… La liste est longue des différences qui marquent les générations. La qualité de vie au travail était une notion inconnue. C'est tout juste si l'on daignait s'intéresser au stress, tout en pensant que c'était une boîte de Pandore à revendications qu'il était dangereux d'ouvrir. Aujourd'hui, pas une entreprise qui n'ait conçu un plan bien-être, certaines ayant même un CHO (Chief Happiness Officer).

À la fin du siècle dernier, l'émotion était presque un gros mot dans l'entreprise. On avait l'illusion de la maîtriser et ceux qui en exprimaient passaient pour impudiques. Elle est aujourd'hui omniprésente. Un haut potentiel est désormais considéré comme tel s'il a une intelligence émotionnelle de bon niveau. Parler des comportements était très nouveau. Aujourd'hui, tout le monde sait qu'ils sont au cœur de la performance.

Vingt ans plus tard, l'entreprise n'a plus rien à voir dans ses contours et son organisation. Sectoriellement, l'industrie s'est fondue dans les services qui emploient désormais plus des trois quarts des actifs français occupés (contre 70 % en 1996 et 50 %

en 1973[1]). Statutairement, les cadres qu'on appelle désormais managers se sont banalisés ; ils représentaient 5 % de la population active dans les années 1970 contre 15 % aujourd'hui et leur statut (lié aux conditions de retraite) est en cours de renégociation. Hiérarchiquement, enfin, la plupart des grandes entreprises étaient encore organisées en silos. Le chef structurait son pouvoir en strates. Une de ses fonctions, que nous avions identifiée, était de gérer les interfaces entre son équipe et le reste du monde. Aujourd'hui, les interfaces sont gérées par les individus eux-mêmes qui s'adressent les uns aux autres sans passer par le chef.

Clairement, celui-ci n'a plus rien d'un chef au sens classique. Son rôle est désormais plus compliqué et plus intéressant aussi. Orienter sans imposer, à l'écoute des idées des autres tout en donnant l'impulsion, décider mais en faisant adhérer, trouver des équilibres entre les intérêts individuels et ceux de l'entreprise, favoriser la collaboration et veiller à ce que chacun y contribue. Si le manager d'il y a vingt ans était droit dans ses bottes, celui d'aujourd'hui est souple dans ses baskets. Plus que jamais, il doit conjuguer des contraintes contradictoires, trouver des équilibres instables et les faire durer le temps nécessaire, à l'instar des jongleurs d'assiettes tournantes.

Mais surtout, le manager d'aujourd'hui fait de moins en moins une carrière de manager. *Primus inter pares,* il trouve sa légitimité tant par ses compétences techniques et sa capacité à faire que par l'autorité que ses pairs lui reconnaissent. Responsable de projets un jour, il pilote alors des équipes multidisciplinaires et multiculturelles pour faire aboutir une réalisation commune. Simple contributeur le lendemain, il participe avec ses compétences d'expert en acceptant le leadership d'un autre.

Et pourtant, jamais le manager n'a été aussi psy. Jamais, alors qu'une puissance technologique exponentielle fait émerger une intelligence artificielle de plus en plus performante et inquiétante

---

1. Le Figaro, 3 janvier 2016, http://www.lefigaro.fr/economie/le-scan-eco/dessous-chiffres/2016/03/01/29006-20160301ARTFIG00273-plus-de-75-des-francais-travaillent-desormais-dans-le-secteur-tertiaire.php

et une robotique qui fera disparaître des millions d'emplois, l'être humain n'a été aussi important dans l'entreprise. De sa personne, il est attendu de la créativité, de la capacité relationnelle, de l'intelligence émotionnelle ; en somme, tout ce qui la différencie de la machine. C'est donc à son humanité profonde que l'on s'adresse. Et pour cela, ce sont bien les compétences qui permettent de comprendre, de parler, de faire progresser, d'orienter… Bref, les compétences du psy qui lui sont nécessaires.

Car si les collaborateurs ont tant changé, c'est aussi parce que le monde a évolué. Un acronyme résume l'environnement actuel de l'entreprise : VUCA, pour volatile, *uncertain*, complexe, ambigu. Autrement dit chaotique.

La technologie y est pour beaucoup. À cet égard, le paysage d'il y a vingt ans relevait de la préhistoire. En 1998, Windows régnait sans partage sur les bureaux ; Steve Jobs reprenait tout juste les rênes d'Apple. En Bourse, une bulle se formait autour de Yahoo, eBay, Netscape, Compuserve et AOL… Tout le reste – iPhone, tablettes, Uber et « ubérisateurs », Airbnb et économie du partage – était encore dans les limbes.

Vingt ans plus tard, nous voilà entrés de plain-pied dans ce que l'économiste Daniel Cohen appelle « la société algorithmique[2] », dominée par les GAFA (Google, Apple, Facebook et Amazon). Aujourd'hui, l'interrogation existentielle des entreprises est de savoir comment conserver ou reprendre la maîtrise du client final à travers les fameuses données que celui-ci livre, bon gré mal gré, à chacune de ses connexions sur une appli ou un site, *via* son mobile ou son PC.

Aucun secteur, aucune activité n'est épargné. Cette révolution, retombée des disruptions provoquées tant par la technologie que par les usages, est en train de bouleverser de fond en comble tout ce que nous connaissions de l'entreprise. Celle-ci

---

2.   Daniel Cohen, *Chronique (fiévreuse) d'une mutation qui inquiète*, Albin Michel, 2018.

doit radicalement s'adapter à de nouvelles chaînes de valeur, à de nouveaux outils et à de nouveaux usages.

Mode de travail, fonctionnement des organisations, évaluation de la performance, reconnaissance, travail d'équipe, modalités des promotions, intégration de la RSE… Tout ce qui concerne le management des collaborateurs est ainsi remis en cause, dans tous les secteurs et toutes les entreprises. Alors que dans le même temps, beaucoup d'entre elles fonctionnent encore sur les mêmes principes issus d'un taylorisme plus ou moins modernisé et raffiné au fil des décennies.

D'autres entreprises se meuvent à merveille dans ce nouvel environnement, y trouvant des opportunités de créer de nouvelles activités ; elles ont toutes en commun une grande agilité. Celle-ci est devenue le premier élément de différenciation en matière de compétitivité. Autant dire que la grande entreprise installée, l'*incumbent*, comme disent les Anglo-Saxons, n'est pas avantagée. D'autant que, plus l'environnement externe est instable, plus le besoin de trouver du sens, de tenir un cap et de redéfinir des priorités s'accentue en interne. En somme, plus cela secoue à l'extérieur, plus il est nécessaire de stabiliser l'interne.

Un psy a pour particularité de devoir faire face à toutes sortes de situations. Les connaissances qu'il a amassées pendant son cursus lui donnent des points de repère solides, mais en aucun cas celles-ci ne lui permettent de prévoir la diversité des cas de figure qu'il va rencontrer. Aucun manuel ne les décrit non plus. Les surprises provoquées par l'infinité des réactions humaines l'obligent donc à maintenir une grande ouverture d'esprit et à trouver à chaque fois la bonne approche pour comprendre, puis aider, son interlocuteur. Un bon psy sait également que c'est de lui qu'il doit d'abord se méfier. Ses propres grilles de lecture, sa référence à sa propre expérience peuvent être des pièges.

De leur côté, managers et dirigeants doivent cultiver une capacité de recul exceptionnelle pour jouer leur rôle auprès de collaborateurs du XXIe siècle, mobiles et technophiles, et faire face à ce contexte VUCA si exigeant. En plus de leurs compétences techniques et managériales, il leur faut comprendre leur propre mécanisme émotionnel, apprendre à élargir la palette des registres comportementaux dans laquelle puiser selon les circonstances, être toujours attentifs aux effets qu'ils produisent. Ici encore, le psy est une référence. Il a réalisé un travail sur lui-même, accepté le principe d'être supervisé par un tiers qui l'aide à mettre en perspective ce qu'il vit. Dans le meilleur des cas, le coach joue en partie ce rôle pour le manager.

Jamais dans l'histoire de l'entreprise, celle-ci n'a été à ce point secouée, remise en cause, et en même temps sursollicitée, comme si elle était le seul pôle de stabilité d'une société en perte de repères. Certains prédisent sa fin, d'autres une toute-puissance supérieure à celle des États. Jamais ceux et celles qui la dirigent n'ont été autant sollicités pour combiner le sens, la cohérence, l'adhésion et la cohésion sociale, la rentabilité et la responsabilité environnementale… La liste des injonctions est sans fin.

Résultat, l'entreprise est devenue un lieu de tensions contradictoires, de contraintes opposées. La demande de transformation est omniprésente, alors que l'exigence sur les résultats à très court terme s'exerce à son plus haut niveau et que les moyens sont réduits à proportion. Au cœur de ces bouleversements se trouvent les managers : à eux de tout conduire à la fois, de tout mener de front, le changement et la continuité ; à eux de gérer les contradictions. Autant dire que leur métier est entièrement à repenser.

Optimiser les capacités de travail de son équipe, être le recours en cas de difficulté, donner du sens au travail, assumer le rôle d'interface entre les services, choisir entre plusieurs options, faire progresser ses collaborateurs : ces six fonctions que nous décrivions il y a vingt ans sont plus que jamais au cœur de son métier. À ceci près que les injonctions, souvent contradictoires, sont désormais multidirectionnelles : elles viennent toujours d'en haut bien sûr, mais aussi d'en bas (les demandes des collaborateurs) et surtout de tous les côtés, en interne, comme en externe (clients, fournisseurs, départements, etc.), à un rythme démultiplié par les outils technologiques (messageries, réseaux sociaux, ERP, big data, etc.).

L'enjeu pour le manager est donc plus que jamais d'apprendre à préserver son espace psychique et son libre arbitre afin de gérer les contradictions inhérentes à ses différents rôles, d'identifier les bons leviers d'interaction avec autrui et d'entretenir son intelligence émotionnelle et situationnelle, son intelligence psychologique en somme.

Le manager est devenu un psy d'un tout nouveau genre. Imprégné de psychologie positive, il cherche à créer les conditions de l'épanouissement au travail de ses collaborateurs. Conscient de la complexité et de la précarité des business qu'il pilote, il doit plus que jamais s'appuyer sur ses équipes et leur créativité. C'est un tout nouveau challenge qui s'ouvre à lui encore plus passionnant et qui, plus que jamais, nécessite de s'y préparer.

Car à l'heure de l'intelligence artificielle et de la robotisation, une certitude demeure. Le manager est avant tout celui dont la matière de travail est l'humain. Et parce que cet humain est plus divers, moins constant, plus émotionnel, plus individualisé, le manager est plus que jamais un psy. Il doit comprendre, anticiper, influencer, donner envie, développer, utiliser pleinement ses émotions et son intelligence (sa conscience, son libre arbitre). Parce que cette liste est sans fin, il lui faut repenser son rôle et préciser ce sur quoi il apporte de la valeur.

C'est l'objet et l'ambition de cet ouvrage que de l'accompagner dans cette nouvelle mutation économique et humaine. Car dans ce monde flou et fou, on a de plus en plus besoin de managers psy.

Dans la première partie de ce livre, le chapitre 1 montera l'ampleur de la vague de transformations qui submerge les entreprises, et le chapitre 2 revèlera les tensions que cette vague exerce sur les organisations. Le chapitre 3 traitera des contradictions dans lesquelles se retrouvent les managers.

Puis, dans une deuxième partie, nous verrons comment les managers peuvent réussir à ne pas se laisser submerger, voire engloutir, dans ce maelström. Le chapitre 4 fournit des éléments de compréhension sur le fonctionnement du cerveau, les notions d'espace et d'économie psychique, l'importance de la liberté psychique et les moyens de la préserver. Le chapitre 5 traite l'enjeu de la souplesse adaptative, ou comment ce que l'on est et les relations que l'on a nouées peuvent, selon les cas, aussi bien être des handicaps que des atouts.

Enfin, dans une troisième partie, nous explorerons les manières de mobiliser intelligence émotionnelle et situationnelle pour apporter de la valeur dans son travail et son organisation : en se mettant en posture, chapitre 6, de penser son rôle dans son entreprise, pour découvrir, chapitre 7, les différentes facettes de la valeur que l'on est en mesure d'apporter.

Chaque chapitre s'achève par les points importants à retenir et un questionnement pour guider votre réflexion sur vos propres positionnements et problématiques dans votre entreprise.

Tous les exemples et mises en situation utilisés dans ce livre sont le fruit des échanges très nourris que nous avons depuis vingt ans avec les managers et les dirigeants. Nous serions très heureux de poursuivre ce dialogue en recueillant vos réactions, commentaires et suggestions sur notre blog : www.lemanagerestunpsy.fr

Partie 1

De la disruption des entreprises à l'éruption des managers

Chapitre 1

L'entreprise disruptée et décalée

Ce que vit l'entreprise actuellement n'est jamais arrivé dans l'histoire économique. Sous l'effet conjugué d'une évolution sociétale profonde due à l'arrivée de l'Internet et du digital, et de la vertigineuse rapidité des évolutions technologiques, elle est confrontée à un effort d'adaptation totalement inédit.

Commençons par l'évolution technologique.

L'EMPEREUR ET LE SAC DE RIZ

Selon deux chercheurs du Massachusetts Institute of Technology (MIT), la disruption n'en est qu'à son début. Pour rendre compte de la magnitude de l'explosion à venir, Erik Brynjolfsson et Andrew McAfee ont repris une histoire bien connue désormais, racontée par le futurologue Ray Kurzweil, l'un des papes de l'humanité augmentée, devenu directeur de l'ingénierie chez Google[1]. L'empereur de Chine séduit par le jeu d'échecs souhaite en récompenser l'inventeur.

---

1. Erik Brynjolfsson et Andrew McAfee, *Le Deuxième Âge de la machine*, Odile Jacob, 2015.

Celui-ci repousse les ors et les ivoires, préférant du riz : « Prenez votre échiquier, propose-t-il au souverain, et sur la première case mettez un grain de riz, puis deux sur la deuxième, quatre sur la troisième, et doublez ainsi le nombre de grains jusqu'à la 64ᵉ case. »

Trop heureux de s'en tirer à si bon compte, l'empereur ordonne à son grand argentier de satisfaire la requête de l'inventeur. Arrivés à la 32ᵉ case, soit à la moitié de l'échiquier, les intendants de l'Empire ont déjà versé 4 milliards de grains, soit 40 millions de tonnes ou un cinquième de la production annuelle du pays. Pris de vertige, l'un d'eux prévient l'empereur. Comprenant son aveuglement et son infortune, celui-ci fait aussitôt décapiter le farceur.

Or l'empereur n'avait encore rien vu – ou trop bien vu, au contraire. Car à partir de la seconde partie de l'échiquier, les chiffres deviennent astronomiques. À la 64ᵉ case, ce sont plus de 18 000 milliards de milliards de grains de riz qu'il aurait dû offrir, soit 720 000 millions de tonnes ou mille ans de production mondiale de riz ! C'est l'effet exponentiel des lois de puissance, celle-là même qui régit la loi de Moore qui veut que la puissance des ordinateurs double tous les deux ans depuis un demi-siècle.

Pour donner une idée de ce que représente cette loi appliquée aux ordinateurs et à leurs composants, l'ex-PDG d'Intel, Brian Krzanich, aime recourir à une analogie. Il applique à la Coccinelle de Volkswagen les performances obtenues sur les microprocesseurs d'Intel depuis 1971. Entre la première génération de puces (la 4004) et la plus récente, leur puissance a été multipliée par 3 500, leur consommation d'énergie divisée par 90 000 et leur coût de production par 60 000. Une Coccinelle améliorée au même rythme roulerait aujourd'hui à 180 000 km/h, consommerait un litre aux 800 000 kilomètres et coûterait trois centimes à produire[2] !

Sur la première moitié de l'échiquier, l'effet disruptif de la technologie était encore commensurable. En 1987, le prix Nobel d'économie Robert Solow pouvait même dire : « Je vois l'avènement de l'ordinateur partout, sauf dans les chiffres de la productivité[3]. »

---

2. Tom Friedman, *Merci d'être en retard*, Saint-Simon, 2018.
3. Robert Solow, "We'd better watch out", *New York Times*, 12 juillet 1987.

Une génération plus tard, Erik Brynjolfsson constate des phénomènes qui relevaient il y a encore peu de la science-fiction : voiture sans conducteur, commande vocale de smartphones, télédiagnostic médical, autoremplissage de documents, automates qui répondent aux questions au téléphone ou en ligne, logiciels capables de rédiger des articles simples de résultats sportifs ou boursiers, ou de battre les meilleurs étudiants au jeu « Jeopardy » (équivalent de « Questions pour un champion ») [4].

Si ces innovations sont celles de la 33e case de l'échiquier, qu'en sera-t-il à la 64e case ? Pour le philosophe Bernard Stiegler [5], ancien membre du Conseil national du numérique, le changement de paradigme qui se profile est plus profond encore que l'avènement de l'imprimerie à la Renaissance. Il serait de l'ordre de la sédentarisation des chasseurs-cueilleurs au Néolithique qui, il y a douze mille ans, a ouvert la voie à l'agriculture et à l'écriture, mettant la nature au service des êtres humains et inaugurant l'ère de l'Anthropocène. Pour certains futurologues comme Ray Kurzweil [6], nous aurions déjà abordé l'ère transhumaniste de l'homme augmenté où la frontière entre l'homme et la machine s'efface sans que l'on sache qui a pris le contrôle de l'autre. De quoi donner le vertige.

En attendant cette post-histoire technologique, il n'y a pas d'empereur pour décapiter les startupers ou débrancher les ordinateurs. Il y a des entreprises issues de l'Ancien Monde et leurs managers, sommés les unes comme les autres de s'adapter.

Mais s'il ne s'agissait que de s'adapter à l'évolution de la technologie, ce serait en fin de compte relativement facile. Car admettons-le, la technologie facilite la vie quotidienne et offre une multitude de nouveaux services. La vraie complication pour les entreprises, c'est que l'offre de nouvelles possibilités est telle qu'elle vient disrupter toutes les activités sans exception de secteur, d'ancienneté, de taille ou de géographie.

---

4. Erik Brynjolfsson et Andrew McAfee, *Des machines, des plates-formes et des foules : maîtriser notre avenir numérique*, Odile Jacob, 2018.
5. Bernard Stiegler, *Dans la disruption*, Les Liens qui libèrent, 2016.
6. Ray Kurzweil, *Humanité 2.0 : la bible du changement*, M21 éditions, 2007.

LA DISRUPTION, UNE MENACE TOUS AZIMUTS

La disruption technologique remet en cause les principes sur lesquels les entreprises ont jusqu'à présent construit leur efficacité. Presque tout ce qui constituait les bases d'un fonctionnement stable est bousculé depuis quelques années. Le jeu de la concurrence est lui aussi modifié. Des entreprises sortent de leur domaine spécifique pour s'attaquer à d'autres métiers, tandis que des sociétés nouvelles viennent s'insérer dans la chaîne de valeur des opérateurs historiques, captent leurs marges et accaparent leurs parts de marché. Enfin, simultanément, les usages changent à toute vitesse, apportant une troisième source de disruption. De l'achat sur Internet à l'économie du partage, des secteurs entiers sont bouleversés par ces nouvelles pratiques.

La disruption technologique : data, bots, algo

Le premier changement majeur est provoqué par le renouveau récent de l'intelligence artificielle. Les machines toujours plus sophistiquées et puissantes ne se contentent plus de suivre les instructions des programmeurs humains, mais apprennent à résoudre les problèmes elles-mêmes. La plus célèbre s'appelle Watson, un super calculateur d'IBM, dont la dernière génération pourrait tenir dans une valise. Watson est capable de reconnaître des tumeurs cancéreuses, de trier une documentation juridique ou de gagner à « Questions pour un champion ».

La deuxième tendance, liée à la première, est l'apparition d'entreprises-plates-formes comme Uber ou Airbnb, qui n'ont ni actifs matériels ni infrastructures, seulement des données, des algorithmes et des applications.

La troisième tendance, enfin, est la capacité de mobilisation des foules par Internet : pour la première fois dans l'histoire de l'humanité, près de la majorité des humains d'âge adulte sont désormais interconnectés numériquement et ont accès aux connaissances accumulées dans le monde entier[7].

---

7. Erik Brynjolfsson et Andrew McAfee, *op. cit.*

Ces trois facteurs contribuent à la disparition et à la transformation en profondeur de milliers de métiers et activités. Zoomant sur les métiers aux États-Unis, le cabinet McKinsey chiffre à 10 % la part de ceux qui disparaîtront et à 50 % ceux qui seront transformés (voir figure 1.1). Les tâches les plus exposées sont les plus répétitives et prévisibles (manutention dans les entrepôts, traitement et collecte de données). Les moins susceptibles d'automatisation, en revanche, sont celles qui requièrent expertise, interaction humaine et créativité, au premier rang desquelles, et c'est une bonne nouvelle pour le sujet qui nous occupe : le management. À charge pour les dirigeants d'identifier les pans de leurs activités pour lesquels il est à la fois techniquement possible et économiquement rentable de substituer des algorithmes aux êtres humains.

Le cabinet McKinsey a passé en revue plus de 2 000 tâches exécutées dans le cadre de 800 métiers exercés aux États-Unis, puis a mesuré le temps qui y était consacré et la faisabilité technique de l'automatisation en l'état actuel des technologies. Il en résulte ce tableau qui met en évidence secteur par secteur les activités les plus susceptibles de disparaître au profit des robots[8].

La disruption concurrentielle : barbares, cannibales et ubérisateurs

Pendant très longtemps, le marché sur lequel les entreprises étaient installées était occupé par des acteurs connus et spécialistes du domaine. D'ailleurs, le conseil stratégique des grands cabinets consistait à se comparer (*benchmark*) entre entreprises du même secteur. L'enjeu était de faire aussi bien, voire mieux, que celui qui est considéré comme le leader. C'était avant l'arrivée des « barbares ». Depuis 2014, l'incubateur de start-up The Family dresse son tableau de chasse[9]. De la distribution à l'assurance en

---

8. "Where machines could replace humans – and where they can't (yet)", *McKinsey Quaterly*, juillet 2016 ; https://www.mckinsey.com/business-functions/digital-mckinsey/our-insights/where-machines-could-replace-humans-and-where-they-cant-yet

9. Voir leurs études sur la transition numérique sur : barbares.thefamily.co/

Figure 1.1 – Probabilités de voir son métier mécanisé

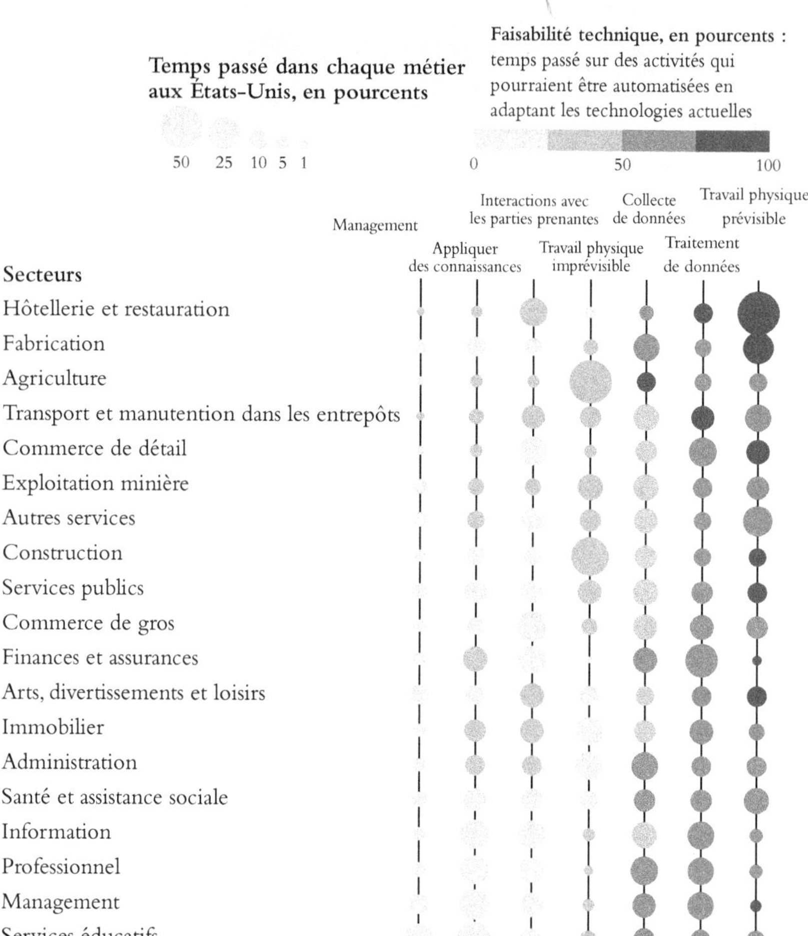

passant par l'automobile et l'immobilier, aucun secteur n'est épargné ; des ressources humaines aux directions informatiques en passant par la finance, aucune fonction ne l'est non plus.

La dématérialisation des actifs physiques en bases de données géantes, stockées et moulinées dans des serveurs (*cloud*) de plus en plus puissants, a eu pour effet de pulvériser les frontières entre les métiers. Les attaques viennent des acteurs les plus inattendus. On a vu ainsi un opérateur télécom comme Orange se lancer dans la banque et un pétrolier-raffineur comme Total se mettre à la distribution d'électricité. Ou encore un ancien fabricant d'ordinateurs, devenu société de services informatiques, passer ensuite à la gestion de l'eau : IBM a ainsi remporté l'appel d'offres de Malte pour refaire le système d'adduction et de distribution d'eau de l'île.

Quand ce ne sont pas les opérateurs historiques qui se cannibalisent entre eux, ce sont les « ubérisateurs » qui s'attaquent à leur chaîne de valeur en aspirant leurs données. Le milieu de l'hôtellerie qui au début des années 2000 se sentait protégé, arguant du fait que ses hôtels ne seraient jamais remplacés par du digital, a vu ainsi débarquer les plates-formes de réservations (Booking.com), les évaluateurs de qualité (TripAdvisor.com) et les sites de location de particulier à particulier (Airbnb.com). Les premiers ont pris une partie de leur marge, les deuxièmes les ont mis sous pression et les troisièmes ont capté une part significative de leur marché.

Encadré 1.1 – OpenTable, une plate-forme dans l'assiette des restaurateurs

L'histoire relatée par la *Harvard Business Review*[10] est celle d'un service de réservation de restaurants en ligne fondé en 1998 par Chuck Templeton. Voulant simplifier les réservations par téléphone, l'entrepreneur pensait qu'un intermédiaire Internet efficace aurait aussi à traiter la gestion des couverts.

Il a donc développé un système combinant réservations et logiciel de gestion de plan de salle, ce qui le mettait en concurrence directe avec les fournisseurs traditionnels des points de vente comme IBM et NCR. Pour amener le marché à sa start-up, il a d'abord ciblé les restaurants les plus en vue. Une fois les vingt principales tables de San Francisco accrochées, les cinquante autres ont voulu en être, jusqu'à faire boule de neige.

Chuck Templeton a réorganisé la chaîne de valeur de la restauration de sorte que l'exploitation des établissements soit intégrée au premier contact avec les clients, soit dès la phase de réservation. OpenTable a pris le contrôle de précieuses données sur les préférences et exigences des clients et a établi une plate-forme difficile à déloger, faisant partie de la panoplie de tout nouveau restaurateur. Cette domination explique les 2,6 milliards de dollars déboursés par Priceline pour l'acquérir en 2014.

---

10. *Harvard Business Review*, mai-juin 2018.

Aux États-Unis, le monde de la restauration a vu un nouvel acteur s'immiscer dans ses affaires avec l'avènement d'OpenTable, une centrale de réservation devenue un passage obligé pour tout candidat à l'ouverture d'un restaurant (voir encadré 1.1).

La disruption des usages ou les ravages du partage

S'il est une entreprise qui a longtemps cru qu'elle ne pouvait pas être disruptée car en situation monopole sur ses rails, c'est la SNCF. Certes, l'ouverture à la concurrence imposée par Bruxelles, mais toujours reportée, est une menace. Reste que jusqu'à présent, elle détient un quasi-monopole de l'usage du réseau, ce qui est censé lui donner un avantage considérable.

Jusqu'au moment où BlaBlaCar est venu offrir un service qui, en s'appuyant sur les nouveaux usages, permet aux clients de voyager beaucoup moins cher. C'est ainsi que la SNCF a vu s'enfuir une clientèle particulièrement précieuse car prometteuse : les jeunes de 18 à 35 ans, ces fameux *digital natives* qui n'ont pas les réticences de leurs aînés pour les mobiles et les applis. L'Ademe a calculé que 1 kilomètre voituré par un équipage entraîne une diminution de 1,97 kilomètre parcouru avec le train[11]. Depuis, la compagnie ferroviaire a cédé Ouibus, sa filiale d'autocars, à Bla-BlaCar et est entrée au capital de la start-up[12].

L'entreprise fondée en 2006 par Frédéric Mazzella sous le nom de covoiturage.fr (rebaptisée BlaBlaCar en 2013) appartient au secteur en plein essor de l'économie collaborative ou de partage. Si les experts s'écharpent sur la définition et le périmètre exacts du phénomène (échanges marchands façon Uber ou non marchands façon BlaBlaCar ou Wikipédia), ils s'accordent sur son ampleur.

––––––––––––––––

11. « Économie collaborative, économie du partage : quels enjeux pour demain ? » ; https://www.strategie.gouv.fr/debats/economie-collaborative-economie-partage-enjeux-demain

12. « Blabacar rachète Ouibus à la SNCF », *Les Échos*, 12 novembre 2011 ; https://www.lesechos.fr/industrie-services/tourisme-transport/0600130631968-blablacar-rachete-ouibus-a-la-sncf-2221064.php

En 2015, une étude de PWC chiffrait le marché potentiel mondial de ces plates-formes d'échanges entre particuliers à 335 milliards de dollars à l'horizon de 2025 contre 15 milliards en 2014 (chiffres France, voir encadré 1.2) et comptait 9 000 start-up dans le monde[13]. Explication que l'entrepreneur donne à cet essor ? Encore et toujours : « l'amélioration de la technologie des plates-formes en ligne, *via* l'augmentation de la taille des bases de données, des capacités des moteurs de recherche et l'amélioration de la connectivité ». Cinq secteurs se partageaient alors l'essentiel de cette manne financière : l'hébergement (largement en tête), les transports, les finances, les services à la personne et les services aux entreprises. Depuis, le cabinet de conseil a rajouté deux secteurs : l'outillage et le marché des produits grand public d'occasion.

Encadré 1.2 – La France, championne du « partage »

- 37 % des Français ont déjà utilisé un service de partage ;

- 70 % des internautes français (soit 31 millions de personnes) ont déjà acheté ou vendu sur des sites de mise en relation de particuliers ;

- 19 % ont déjà utilisé un site de réservation d'hébergement et 14 % un site de covoiturage ;

- 5,2 % de la population française tire plus de 50 % de son revenu de la consommation collaborative, mais cette proportion atteint 12 % parmi les 25-34 ans.

(Sources : PWC, Parlement européen, France Stratégie, 2014 et 2016.)

Les motivations sont moins philanthropiques que n'y paraît l'appellation « partageuse » de ce nouveau segment de l'économie. Dans une étude de 2017 portant sur six pays européens (Allemagne, Autriche, Suisse, Pays-Bas, Belgique et Turquie), PWC relevait que les usagers de la *sharing economy* mettaient loin devant « un meilleur prix pour le même service » (47 % des répondants),

---

13. https://fr.slideshare.net/polenumerique33/pwc-cdp-alerteeconomiecollaborative

en deuxième « des relations plus directes et personnalisées » (25 %) et en troisième « des prestataires plus accessibles et disponibles » (24 %), le « sentiment d'appartenir à une communauté » venant en dernière position avec 19 %. Quatre ans plus tôt, le cabinet avait interrogé les Américains sur le sentiment que le partage suscitait chez eux vis-à-vis de la propriété : 81 % estimaient que partager des biens coûtait moins cher que d'en être propriétaire et 57 % se disaient d'accord avec l'idée que l'accessibilité était la forme nouvelle de la propriété[14].

Mais ce n'est pas tout, la société aussi a évolué et souvent plus vite que l'entreprise qui s'en trouve décalée comme rarement elle l'a été.

LA SOCIÉTÉ WIKIPÉDIA

Au début du XXe siècle, Microsoft a eu le projet d'une encyclopédie numérique qui réunirait la somme des savoirs des plus grands savants mondiaux. L'ambitieux projet doté de gros moyens consistait à demander à la personnalité de référence, mondialement reconnue, d'écrire les articles concernant son champ de connaissance. Très vite, le projet a été abandonné, car la concurrence de Wikipédia a balayé l'ambition de Microsoft. C'était, d'un côté, un projet centralisé avec les prix Nobel et beaucoup d'argent ; de l'autre, un projet qui faisait appel à la contribution de chacun, avec très peu de règles, fondé sur l'intelligence collective et l'envie des acteurs de contribuer, dans un modèle ouvert, en amélioration permanente et que personne ne contrôle totalement : l'Ancien Monde face au Nouveau Monde.

Cette histoire est la meilleure illustration de ce que vivent les entreprises face aux évolutions sociétales. Impossible de les énoncer toutes, mais quelques tendances fortes émergent à travers les générations Y et Z, dans leur rapport au travail, l'équilibre de vie,

---

14. https://www.pwc.de/de/digitale-transformation/share-economy-report-2017.pdf

la prise en compte des risques pour la planète, les jeux relationnels, l'ouverture au monde, le partage, leur volonté de contribuer, leur créativité, etc. Avec elles, c'est une nouvelle société qui se construit.

Que font les XY ?

Souvent, lorsque nous échangeons avec eux, les dirigeants minimisent la disruption provoquée par la génération Y. L'argument généralement avancé est qu'on dit toujours la même chose de chaque génération : les jeunes veulent tous changer le monde, c'est générationnel ; il en va donc des Y comme de ceux qui les ont précédés. Or, si la génération Y (et la Z qui la suit, voir encadré 1.3) est disruptive, ce n'est pas en se distinguant des générations précédentes par une aspiration à tout bousculer, liée à sa jeunesse. C'est parce que la technologie lui en donne les moyens et qu'elle s'en sert.

Cette génération a déjà commencé à changer les usages, le jeu relationnel, le mode de vie, la façon de travailler. C'est elle la première utilisatrice de l'économie du partage, dont elle crée aussi les start-up. En Chine, on les appelle les *ditouzu*, « ceux qui ont la tête baissée [15] », car ils sont rivés sur leur appareil : consultation des messages sur les réseaux sociaux, envoi de selfies, applis d'informations ou d'achat de produits. Notons aussi que pour la première fois dans l'histoire de l'humanité une génération arrive qui dans certains domaines technologiques est d'emblée plus compétente que ses aînés. Cela vient aussi bouleverser l'histoire de l'apprentissage.

---

15. François Bougon *et al.*, « Les branchés de la génération Z », *Le Monde*, 14 juin 2018 ; https://www.lemonde.fr/economie/article/2018/06/14/les-branches-de-la-generation-z_5314574_3234.html?xtmc=ditouzu&xtcr=1

Encadré 1.3 – X, Y et Z : qui est qui ?

- Les baby-boomers : nés entre 1943 et 1960. Ont eu 20 ans entre 1963 et 1980 ; ont aujourd'hui entre 75 et 58 ans. Sont à la retraite ou au chômage (70 %). Marqueurs : mai 1968, ORTF, Giscard. Outils : sténo, machine à écrire, téléphone fixe à cadran, télex. Réseaux d'anciens.

- Les X : nés entre 1961 et 1981. Ont eu 20 ans entre 1981 et 2001. Ont aujourd'hui entre 37 et 57 ans. Sont en activité. Marqueurs : François Mitterand, radios libres, sida, chute du Mur, France championne du monde de foot (1), bulle Internet, 11 septembre. Outils : minitel, fax, IBM PC, modem 56k, Lotus Notes, Apec.

- Les Y ou Millenials : nés entre 1982 et 1995. Ont eu 20 ans entre 2002 et 2015. Ont aujourd'hui entre 23 et 36 ans. Sont en activité ou étudiant. Marqueurs : l'euro, la crise financière, Erasmus, attentat Charlie Hebdo, Spotify. Outils : ADSL, iPhone, LinkedIn, e-commerce.

- Les Z : sont nés à partir de 1996 ; ont 20 ans à partir de 2016. Sont à l'école ou étudiant. Marqueurs : attentat du Bataclan, élection de Donald Trump et d'Emmanuel Macron, France championne du monde de foot (2), bitcoin, webséries. Outils : fibre optique, 4G, Huawei, SnapChat, digital, globish.

S'ils sont optimistes quant à leur avenir et voient dans le travail un épanouissement plus qu'une contrainte, les YZ « sont plus attachés à leur propre autonomie et à l'épanouissement au travail, qu'à la valeur travail en elle-même. Le sens prime sur l'effort ». Ils attendent également de l'entreprise du changement en matière d'équilibre entre vie privée et professionnelle et d'organisation du travail.

Hyperconnectés (voir encadré 1.4) tant en termes d'amplitude horaire (temps consacré aux écrans) que géographique (leurs réseaux sont internationaux) et de ressources (accès aux savoirs), les YZ affichent également, selon le Cercle des économistes qui les a sondés, « une très forte conscience sociale et sociétale qui doit passer par la modification des comportements individuels[16] ».

---

16. Agnès Audier et Axel Dauchez, « Une jeunesse engagée, mais pragmatique », *Le Monde*, 5 juillet 2018 ; https://www.lemonde.fr/idees/article/2018/07/05/une-jeunesse-engagee-mais-pragmatique_5326433_3232.html

Car ils pensent avoir le pouvoir sur les choses et sur eux-mêmes par les outils qu'ils ont dans les mains.

Encadré 1.4 – L'hyperconnexion des YZ

Comme l'âge d'achat d'une voiture neuve (56 ans en 2016 contre 44 en 1991), celui des téléspectateurs ne cesse d'augmenter : il est passé de 46,9 ans à 50,7 ans entre 2005 et 2015.

95 % des 18-24 ans ont un smartphone et 68 % des 40-50 ans.

En 2017, les Français de 15-24 ans ont passé 1 h 38 par jour sur Internet (contre 2 h 12 pour les 25-49 ans) dont 65 % sur mobile, 22 % sur ordinateur et 13 % sur tablette ; 44 % de ce temps est consacré aux réseaux sociaux et à la vidéo.

(Source : Médiamétrie, Arcep, Crédoc.)

Si l'on devait résumer le décalage entre les attentes de ces nouvelles générations et le fonctionnement de la plupart des entreprises, on pourrait le faire dans un tableau (voir figure 1.2).

Figure 1.2 – Le gap entre ce qui est attendu et ce qu'offrent la plupart des entreprises

Ce qui est attendu

- Horizontalité des relations
- Motivation intrinsèque
- Coopération
- Contribution basée sur la confiance
- Ouvert et interconnecté
- Créativité et autonomie
- Être reconnu comme un individu unique
- Équilibre de vie
- Attente de sens
- Attention au respect de la planète

Le fonctionnement habituel des entreprises

- Vertical et hiérarchique
- Motivation extrinsèque
- Performance individuelle
- Process et contrôles
- Organisation en silos
- Peu de place pour les initiatives individuelles
- Traitement des ressources humaines sur un mode identique pour tous
- Disponibilité pour l'entreprise
- Attente de résultats
- Usage des ressources

Au-delà de la caricature, il est évident qu'il est très difficile pour les entreprises de faire leur mutation face à une évolution sociétale survenue en une génération. Cette évolution s'est faite en dehors du monde économique classique, mais a été poussée par les GAFA. L'entreprise qui préexistait à ce choc digital du début du siècle n'a rien vu venir, mais en subit les conséquences de plein fouet. Elle tente de s'y s'adapter, mais à un coût considérable.

LES SOLUTIONS DES GOUROUS

Puisque le décalage se creuse entre la société et les entreprises, qu'à cela ne tienne, les entreprises n'ont qu'à fonctionner sur les mêmes principes que la société. Le mouvement a été médiatisé en 2013 par Isaac Getz et Brian Carney[17] avec leur livre *Liberté & Cie* (suivi l'année suivante de *L'Entreprise libérée*). Utilisant de très nombreux exemples d'entreprises qui ont mis en œuvre les principes qu'ils énoncent, les deux auteurs laissent entendre que toutes les sociétés pourraient faire de même. Les principes frisent le simplisme : faire confiance, supprimer la hiérarchie, favoriser le collaboratif aux dépens de l'individuel, donner de l'autonomie, pousser les acteurs à prendre des initiatives. Bref, le monde idéal. Il n'y a qu'à le faire puisque d'autres y sont parvenus et qu'ils réussissent ainsi. Notons que les auteurs se gardent bien de donner la méthode pour y arriver.

De son côté, Frédéric Laloux[18] dans son ouvrage *Reinventing Organizations* part de constats très puissants. Par exemple, il démontre que la hiérarchie ne sait pas gérer la complexité. Ils préconisent l'autogouvernance dont ils détaillent les principes. Ils montrent comment les entreprises qui réussissent ont mis en place un système pour canaliser l'ego des acteurs. Enfin, ils proposent des principes pour mettre en œuvre ces entreprises qu'ils appellent « opale ». Sachant que les freins viennent souvent des dirigeants et de l'énergie nécessaire à faire bouger tous les acteurs en même temps.

---

17. Isaac Getz et Brian Carney, *Liberté & Cie,* Fayard, 2013 ; Isaac Getz, *L'Entreprise libérée,* Fayard, 2017.
18. Frédéric Laloux, *Reinventing Organizations*, Diateino, 2017.

Citons aussi l'holacratie[19], une troisième approche qui préconise une gouvernance basée sur l'intelligence collective, où les décisions se prennent ensemble dans un cadre précis de participation des acteurs.

Certaines entreprises de la nouvelle économie se sont inspirées de ces nouveaux principes de management. Par exemple, Netflix a construit un modèle, régi avant tout par des valeurs, qui donne une immense marge de manœuvre aux acteurs : ceux-ci n'ont ni horaires ni durée conventionnelle de vacances (à chacun de prendre ce dont il a besoin), ni même de demande d'autorisation pour faire des frais professionnels (à chacun de dépenser pour l'entreprise comme il dépenserait pour lui).

Tout cela semble d'un bon sens évident qui devrait permettre à l'entreprise d'être plus efficace et aux collaborateurs plus épanouis. Et pourtant, force est de constater que si beaucoup d'entreprises expriment l'envie d'adapter ces principes (Michelin et Airbus expérimentent en ce sens), la grande majorité en reste au stade de l'intention. Quelques tentatives sont parfois lancées, mais c'est pour très vite revenir au modèle antérieur.

Dans *Partager le pouvoir, c'est possible*, nous avions tenté en 2014[20] de montrer pourquoi il était si difficile pour les dirigeants de passer de l'intention à l'action. Mais ne nous y trompons pas. Certes, les dirigeants peuvent avoir du mal à être moins dans le contrôle et la maîtrise, à favoriser le passage de la performance individuelle à la performance collective et à vraiment donner les moyens de la prise de décision sur le terrain. Mais les acteurs de terrain, eux-mêmes, après avoir été étroitement encadrés pendant des années, n'ont pas nécessairement le bon usage de la liberté nouvelle qui leur est donnée. En outre, ces nouveaux modèles qui s'appuient sur le principe selon lequel les acteurs sont d'autant plus motivés qu'ils ont des marges de manœuvre (ce qui se vérifie presque toujours), ne tiennent pas compte de ceux qui profitent de cette autonomie pour se protéger, voire en faire beaucoup moins.

---

19. Voir Brian J. Robertson, *La Révolution Holacracy* : le système de management des entreprises performantes, Alisio, 2017.
20. Éric Albert, *Partager le pouvoir, c'est possible*, Albin Michel, 2014.

Ces nouvelles approches partent toutes du constat incontestable que le fonctionnement actuel des entreprises est à bout de souffle. Elles proposent de vraies bonnes idées d'évolution pour en sortir. Mais si les résultats pérennes sont si rares, c'est qu'elles sous-estiment toutes l'immense difficulté à les mettre en œuvre. À noter quelques exceptions, comme les dirigeants qui, à l'instar de Jacques Chaize[21], ont réactualisé le Lean pour lui rendre sa dimension stratégique tout en prenant à bras-le-corps les difficultés de mise en œuvre.

Reste que la plupart des conseils d'administration et des directions générales sont très loin de vouloir s'engager dans ces voies qu'ils ne comprennent pas ou qui les sortent tellement de leur zone de confort qu'ils y résistent activement.

Les organisations face au monde VUCA

La nécessité de s'adapter au monde VUCA (volatile, *uncertain*, complexe, ambigu) a trois conséquences pour les organisations. Volatile, incertain et ambigu signifie un environnement éphémère, changeant et indécis. La seule solution est d'avoir des organisations et des acteurs adaptables et agiles. La complexité du monde dans lequel évoluent les entreprises leur fait comprendre qu'elles ne peuvent plus être gérées de façon centralisée. À l'image du cerveau qui n'a pas d'unité centrale, mais qui fonctionne par les interactions de ses différentes zones, chacune ayant une fonction, les organisations ne pourront plus reposer sur un centre qui décide de tout. Les systèmes centralisés seront remplacés par l'intelligence du terrain et l'interdépendance des acteurs.

Il est donc certain que toutes les organisations chercheront à développer ces trois paramètres : agilité, intelligence du terrain et interdépendance. La différence se fera sur celles qui y parviendront et les autres. Tout sera donc affaire de management.

---

21. Jacques Chaize, Michael Ballé *et al.*, *La Stratégie Lean*, Eyrolles, 2018.

À retenir et à partager

Les lois exponentielles du digital disruptent toutes les entreprises, sans exception, de manière totalement inédite.

La société, tirée par les générations X et Y, évolue beaucoup plus vite que les entreprises qui se trouvent en décalage.

Agilité, intelligence du terrain, interdépendance des acteurs, les lignes directrices existent, mais ne sous-estimons pas la complexité de leur mise en œuvre.

Et vous ?

Où en est la transformation de votre entreprise, tant sur le plan digital que sur celui des comportements et des modes de management ?

Dans quelle mesure votre entreprise intègre-t-elle les évolutions sociétales ?

Jusqu'où êtes-vous prêt à remettre en cause les principes de fonctionnement qui vous ont fait réussir ?

Chapitre 2

La fabrique à contradictions

TOUS DIRIGEANTS DE KODAK

Les disruptions technologiques et concurrentielles, provoquées par les nouveaux usages et les collaborateurs qui les adoptent ont pour effet de soumettre l'entreprise à des forces contradictoires. C'est particulièrement le cas des « traditionalistes » (les *incumbents*, comme disent les Anglo-Saxons ; ce qui appliqué à la politique et à des élus, veut dire « sortant »), symbolisées par le cas de Kodak [22] qui, après avoir inventé la photo numérique, a choisi de rester centré sur ce qui constituait sa rente : la pellicule argentique (voir encadré 2.1). Magnifique entreprise qui meurt riche.

____

22. James Estrin, "Kodak's first digital moment", *The New York Times*, 12 août 2015 ; https://lens.blogs.nytimes.com/2015/08/12/kodaks-first-digital-moment/

Encadré 2.1 – Comment Kodak a-t-il été piégé par sa rente

À son arrivée chez Eastman Kodak en 1973, Steven Sasson se vit confier une tâche « apparemment dérisoire », relate le *New York Times* : trouver une application à un capteur photosensible qui convertissait la lumière entrante en signaux électriques. Deux ans plus tard, le jeune homme âgé de 25 ans inventait la photo numérique, dont il faisait la présentation à ses supérieurs hiérarchiques sur l'écran d'une télévision. « Ils étaient persuadés que personne ne voudrait jamais regarder des photos sur un téléviseur, raconte-t-il. Pour cause, on imprimait des photos depuis plus de cent ans déjà et personne ne se plaignait des tirages ; ils étaient très bon marché. »

Quant à l'horizon de compétitivité de son invention, il jette un froid. Selon la loi de Moore, une résolution suffisante pour concurrencer les pellicules couleur ne serait pas atteinte avant une quinzaine d'années. « Entendre parler d'un horizon de 15-20 ans quand on sait qu'on ne sera plus aux affaires d'ici là, ça n'excite pas vraiment. »

Le procédé fut breveté dès 1977, mais assorti de l'interdiction formelle d'en faire la moindre publicité. En 1989, l'inventeur fabriquait le premier appareil reflex électronique, l'ancêtre des appareils professionnels actuels. Mais la direction marketing et commerciale de l'entreprise refusa la mise sur le marché. Kodak y était encore en quasi-monopole à chaque étape du processus.

Kodak ne commercialisa son premier appareil numérique grand public qu'en 1994. Jusqu'à ce que ses brevets tombent dans le domaine public en 2007, le fabricant engrangea néanmoins des milliards de dollars de royalties versés par ses concurrents qui s'engouffrèrent dans la brèche. En janvier 2012, après cent trente et un ans d'existence, Eastman Kodak déposait le bilan.

Les dirigeants ont commis trois erreurs : ne pas croire au changement des usages, ne pas investir la disruption en pensant préserver leur rente, ne pas avancer par essai/erreur. Trois risques qui concernent tous les dirigeants.

CONSTRUIRE LA RENTE

En effet, le principe de la réussite d'une entreprise est la constitution d'une rente. Certes, les disruptions la menacent. Mais, en attendant, à court terme au moins, l'entreprise est rentable. Tant que personne ne s'est inséré de façon significative dans sa chaîne de valeur (comme Booking pour les hôtels) ou qu'une disruption n'est pas flagrante (comme l'économie du partage qui bénéficie à BlaBlaCar au détriment de la SNCF), elle continue d'optimiser le modèle en place. Cela se fait par succession de plans de réduction des coûts et multiplication des process et des normes. Sous la pression de l'actionnaire qui demande plus de rentabilité, il s'agit de pousser à l'extrême ce qui a fait ses preuves. La limite est atteinte quand, à l'instar de ce qui se passe chez le grand distributeur américain Sears, la faillite menace [23]. En 2005, « l'Amazon du XXe siècle » (l'entreprise a été créée en 1886) a fait appel à Edward Lampert, le « sauveur » de KMart, un autre distributeur en mauvaise posture. Celui-ci a appliqué la même stratégie à Sears : couper tous les coûts pour faire remonter la rentabilité et vendre les magasins non rentables. Mêmes recettes, mêmes résultats en Angleterre avec la chute sans fin de Marks & Spencer, ou en France avec Auchan, Casino et Carrefour, tous pressés par les investisseurs de remonter leur cours en Bourse. Toutes ces enseignes veulent à la fois dépenser moins, redresser les ventes et éviter la faillite.

Mais, le monde a changé. La grande nouveauté est que les rentes sont systématiquement attaquées de toutes parts alors qu'autrefois, elles pouvaient durer des décennies, voire des siècles (voir encadré 2.2). Ces multitudes de start-up dont le foisonnement réjouit, n'ont qu'un seul but : s'insérer dans la chaîne de valeur des groupes rentables, voire leur substituer de nouvelles chaînes de valeur dont les nouveaux arrivants verrouillent l'accès à leur profit. Les « nouveaux barbares », comme les qualifie Nicolas Colin chez The Family, ne s'en cachent même pas : les plans d'attaque sont accessibles à tous en ligne [24].

---

23. Philippe Escande, « Les difficultés du distributeur américain Sears montrent que les réussites du passé ne présagent plus de l'avenir », *Le Monde*, 11 octobre 2018 ; https://www.lemonde.fr/economie/article/2018/10/11/les-difficultes-du-distributeur-americain-sears-montrent-que-les-reussites-du-passe-ne-presagent-plus-de-l-avenir_5368008_3234.html?xtmc=&xtcr=2

24. barbares.thefamily.co/

À un opérateur téléphonique historique, par exemple, le dilemme pourrait se poser ainsi : doit-il gagner plus d'abonnés et les rentabiliser ou utiliser ses données et son savoir-faire pour se lancer dans d'autres activités ? Autrement dit, à quel moment lui faut-il changer de *business model* ? Les logiques qui s'affrontent ne sont pas seulement court terme *versus* moyen terme ou sécurité *versus* risque, elles ont des conséquences majeures sur la façon de fixer les priorités, de penser l'organisation, de valoriser et de faire émerger des profils de salariés prometteurs et bien d'autres paramètres. En somme, tout ce qui constitue les bases sur lesquelles s'appuie le management.

En réalité, les entreprises veulent les deux : tirer le meilleur parti de leur rente à travers une marque, des clients et un savoir-faire et entrer dans le rêve de l'hypercroissance promis par la disruption. Or ces deux aspirations répondent à des logiques de fonctionnement radicalement différentes. Dès lors, la confusion et les messages contradictoires se multiplient.

Encadré 2.2 – Le pouvoir anticipateur de la Bourse[25]

La Bourse doute de l'Ancien Monde. Le Dow Jones a supprimé de sa cote General Electric et à quelques semaines d'intervalle a vu le premier franchissement de la barre des 1 000 milliards de dollars de valorisation par Apple. La marque à la pomme, créée en 1976, cotée pour la première fois en 1980 est entrée dans l'indice en juin 2015, à la place d'AT&T, une autre doyenne de la révolution industrielle dont les origines remontent à Graham Bell, l'inventeur du téléphone.

General Electric, l'entreprise fondée par Thomas Edison, le non moins génial inventeur du phonographe, de l'ampoule et de la centrale

---

25. Sources : Arnaud Leparmentier, « General Electric, la firme mythique fondée par Thomas Edison, boutée hors de l'indice Dow Jones », *Le Monde*, 20 juin 2018, https://www.lemonde.fr/economie/article/2018/06/20/general-electric-la-firme-mythique-fondee-par-thomas-edison-boutee-hors-de-l-indice-dow-jones_5318260_3234.html ; François Vidal, « Apple sur le toit du monde », *Les Échos*, 2 août 2018, https://www.lesechos.fr/tech-medias/high-tech/0302068945867-sur-le-toit-du-monde-2196011.php ; « Amazon rejoint Apple au firmament de la Bourse », *Le Monde*, 4 septembre 2018, https://www.lemonde.fr/entreprises/article/2018/09/04/amazon-le-petit-libraire-en-ligne-devenu-societe-a-1-000-milliards-de-dollars_5350280_1656994.html

électrique, a en effet quitté l'indice de la Bourse de New York le 26 juin 2018, soit cent quarante ans exactement après sa création en 1878. L'entreprise était la plus chère du monde en 2000, avec une valorisation de 594 milliards de dollars (513 milliards d'euros).

Peu après, le 4 septembre 2018, Amazon, le magasin planétaire universel créé en 1994, coté en Bourse en 1997, a rejoint Apple, l'appareil universel mondial, au firmament des 1 000 milliards de dollars de capitalisation boursière.

Le nouvel or noir des data a définitivement remplacé l'or noir fossile, dans le cœur des investisseurs du moins.

La vieille économie fait de la résistance

« Je ne crois pas au grand soir. » Le patron, qui tient ces propos en privé, les étaye par des exemples. En réalité, la révolution numérique dont on lui annonce tous les ans qu'elle va tout changer n'a pas radicalement bouleversé son activité. Et de citer l'assurance, l'automobile ou le pétrole : « À la fin, il faudra toujours fabriquer des voitures ! » conclut-il.

Une croissance raisonnable, une rentabilité correcte, tenir une place conséquente sur son marché et faire les bons choix stratégiques, voilà le rôle du dirigeant. En tout cas, c'est ainsi que beaucoup d'entre eux s'en contentent. En fait, ils tiennent, ils font durer ce qui a marché.

Ils tiennent sur le modèle traditionnel de leur entreprise qui leur permet de prendre le moins de risque personnel et d'effectuer leur mandat, chèrement acquis, sans difficulté majeure. Du moins l'espèrent-ils. Ce faisant, ils programment leur action à l'échelle de leur propre carrière, telle qu'ils la projettent. Autant dire que l'âge ne plaide pas en leur faveur. Mais qu'importe pour les investisseurs qui les nomment. Eux-mêmes raisonnent à court terme. « Parler d'un horizon de 18-20 ans à une brochette de dirigeants qui ne seront plus aux affaires d'ici là, ça ne les excitait pas vraiment », a pu constater Steven Sasson devant le peu d'intérêt qu'avait suscité son prototype d'appareil photo numérique auprès du management de Kodak[26].

Cette attitude « tenir en changeant le moins possible » n'est pas le fait d'un ou de deux dirigeants. Des catégories de personnel, des entreprises, voire de secteurs économiques entiers semblent s'arc-bouter dans le déni des évolutions et s'accrocher aux référentiels passés. En réalité, le mode « tenir sans changer » est plus ou moins présent partout. Il constitue une ligne de fracture entre ceux qui veulent avancer plus vite et ceux qui trouvent que le changement est insupportable. En témoignent les impatiences d'un actionnaire activiste chez Nestlé. Même s'il reconnaît « que l'entreprise a pris quelques mesures en accord avec ses suggestions », Daniel Loeb en questionne le rythme et l'amplitude qu'il juge « modestes ». Plus cinglant encore, il qualifie la stratégie du géant de l'agroalimentaire « d'embrouillée » et se dit préoccupé par le fait que Nestlé « n'a pas totalement pris en compte l'évolution rapide du comportement des consommateurs qui menace son futur ». Il n'hésite pas à évoquer une organisation « bureaucratique » et « léthargique[27] ».

L'inflation du reporting

Budget, plan à moyen terme, prévisions. Tout l'art du dirigeant est d'annoncer à ses investisseurs des prévisions, qui sont d'emblée considérées comme un engagement. Bonne ou mauvaise, la surprise est ce que l'analyste supporte le moins et qu'il sanctionne systématiquement. Dès lors, le principal enjeu du PDG est d'avoir les indicateurs qui lui permettent de suivre tous les paramètres, d'où la multiplication des reportings. L'inflation de ces remontées d'information qui pèse sur les opérationnels est attestée depuis

---

26. James Estrin, "Kodak's first digital moment", *op. cit.*

27. Laurence Girard, « L'activiste Third Point pousse Nestlé à céder ses parts dans L'Oréal », *Le Monde,* 3 juillet 2018 ; https://www.lemonde.fr/economie/article/2018/07/03/l-activiste-third-point-pousse-nestle-a-ceder-ses-parts-dans-l-oreal_5325009_3234.html

2001 par les travaux pionniers de l'université Dauphine et n'a eu de cesse de s'amplifier avec la multiplication de l'informatique de gestion et du big data[28]. Dès que les indicateurs ne sont pas conformes aux attentes, les entités opérationnelles sont sommées d'agir. L'aléa doit être absorbé. Le chiffre d'affaires est un peu plus bas, qu'à cela ne tienne, diminuez vos coûts d'autant.

Pressurer la rente

Le problème est bien que les aléas augmentent alors que les capacités de prévision restent limitées. D'ailleurs, que peut-on raisonnablement prévoir aujourd'hui ? On ne peut qu'émettre des hypothèses à partir de ce que l'on sait du passé. Et imaginer l'avenir. Par conséquent, les budgets, les prévisions de croissance ou la réduction des coûts ne se basent que sur la rente. Toute activité nouvelle peut évidemment se donner des objectifs mais devra, par définition, fonctionner par essai/erreur avec une grande part d'aléatoire et de tâtonnements.

Plus l'activité est innovante, plus elle est imprévisible. Le risque est encore dans le court terme. Lorsque la rente n'a plus de marge de manœuvre, les activités innovantes deviennent des variables d'ajustement. En pratique, on commence par mettre les activités de rente sous pression et lorsqu'elles sont à l'os, on taille dans les investissements. Évidemment, le plus facile à supprimer, ce sont les investissements qui devront porter leurs fruits à moyen terme. Aucun effet immédiat et… on verra plus tard.

Tout cela est enrobé dans une communication financière habile qui masque la réalité. Mais dont les investisseurs sont rarement dupes. Alors qu'il lui était demandé si la proposition de Donald Trump de supprimer la publication des résultats trimestriels des entreprises cotées était une bonne idée, Larry Fink, PDG de BlackRock, le plus gros gestionnaire d'actifs au monde a

---

28. Anne Pezet et Gwenaëlle Nogatchewsky, « L'excès de reporting : de la recherche de l'efficience au désastre organisationnel et social », *in* Anne Pezet, *L'État des entreprises 2011*, La Découverte, 2010, p. 50-58.

répondu : « Ce ne sont pas les résultats trimestriels qui alimentent le court-termisme, mais les bénéfices prévisionnels et les entreprises qui refusent de développer une stratégie à long terme. Ce qu'on leur demande, c'est d'expliquer tous les trimestres comment leurs résultats s'inscrivent dans cette stratégie qui peut bien sûr être revue dans un environnement dynamique et fluctuant[29]. » Cette prise de position bien raisonnable se démarque en réalité de ce que la plupart des dirigeants pratiquent et de la pression exercée sur eux par les financiers.

Vrais et faux changements

Le changement est le thème permanent universel. En fait, ce qu'on appelle changement, c'est souvent « un peu plus de la même chose ». Comment trouver les moyens de maintenir le système tel qu'il est, le plus longtemps possible, voilà ce qui est souvent appelé changement : intégrer les évolutions technologiques pour optimiser ce qui existe, réduire les effectifs, faire des économies, faire plus vite, etc. En réalité, ce n'est que de l'amélioration, certes indispensable, mais qui masque l'absence de vrais changements.

La psychologie systémique appelle changements de type 1 ces améliorations. Ils consistent à refaire un peu plus ou un peu moins de la même chose. Si un process n'a pas permis d'éviter une erreur, on le remplace par un autre plus contraignant. Si l'entreprise fonctionne trop en silo, on demande aux acteurs de se parler davantage, etc. À l'inverse, les changements de type 2 consistent à faire différemment, c'est-à-dire à changer la façon de réfléchir et d'agir face à une situation. Au lieu de refaire un process, on s'interrogera sur les raisons pour lesquelles les acteurs se trompent. Et on tente des solutions pour faire les choses de façon radicalement différente.

---

29. Marie Charrel et Isabelle Chaperon, « Larry Fink : "Je crois fermement en la mondialisation" », *Le Monde*, 19 septembre 2018 ; https://www.lemonde.fr/economie/article/2018/09/19/larry-fink-je-crois-fermement-en-la-mondialisation_5357202_3234.html

Au risque d'être schématique, on pourrait dire que la rente est principalement gérée sur un modèle de changement de type 1, alors que la disruption s'appuie toujours sur des changements de type 2. Ce sont donc deux façons radicalement différentes de faire face aux problèmes.

Un parfait exemple de changement de type 1 est donné par le retour du taylorisme. On parle même de « néotaylorisme ». Les nouvelles technologies permettent, en effet, de pousser encore plus loin la division des tâches et le suivi extrêmement précis de la productivité de chaque acteur. De nombreux auteurs, à l'instar de Mireille Bruyère dans *L'Insoutenable productivité du travail* ou de l'anthropologue David Graeber dans *Bullshit Jobs*, ont dénoncé ces entreprises hyperrationnelles, malades de la productivité, qui induisent un « travail dénué de sens peuplé d'une multitude de solitudes connectées[30] ».

Et en même temps… On adopte le discours de la modernité

Pas une grande entreprise qui n'ait son incubateur à start-up ou qui ne participe à un tel dispositif. Pas un dirigeant qui n'ait des histoires à raconter sur des innovations majeures mises en place dans son entreprise. C'est même devenu une sorte de rituel du patron qui, lors des dîners en ville, raconte les merveilleuses innovations dont ses équipes sont les auteurs. Il met d'ailleurs un point d'honneur à participer aux événements qui célèbrent les technologies nouvelles et innovantes. Pour orchestrer cet enthousiasme, on voit apparaître des « Chief Happiness Officer » (voir encadré 2.3), ou bien on rebaptise des fonctions. Le président de la DFCG, l'association qui regroupe contrôleurs de gestion et directeurs financiers,

---

30. Mireille Bruyère, *L'Insoutenable productivité du travail*, Éditions Le Bord de l'eau, 2018 ; David Graeber, *Bullshit Jobs*, LLL, 2018.

proposait ainsi « de remplacer l'appellation "contrôleur de gestion", aujourd'hui datée, par "performance manager"[31] ».

Derrière cet affichage soigneusement entretenu, le quotidien de l'entreprise est bien différent. Alors que leurs dirigeants mettent en avant de nouvelles applications ou fonctionnalités informatiques, les collaborateurs disposent en réalité d'un outil qui, bien souvent, n'offre pas les fonctionnalités et services de base. De plus, les équipes d'innovation ou les start-up qui ont été rachetées ou intégrées sont maintenues à distance des organisations traditionnelles. La conviction (et parfois l'expérience) est que la greffe ne prend pas entre ces jeunes pousses et l'entreprise classique. Et pour cause, leurs modèles de fonctionnement sont radicalement différents. Et rien n'est plus sûr pour assécher la créativité des startupers que de leur demander de respecter les règles de la gestion de la rente.

Encadré 2.3 – Le CHO, vrai rôle ou faux nez ?[32]

Chief Happiness Officer (CHO) ou Chief Wellness Officer (CWO), Les Échos recensaient 556 responsables du bonheur en entreprise sur LinkedIn. Faut-il voir dans le succès de cette nouvelle fonction une corrélation avec le fait que 54 % des salariés français se disent désengagés de leur entreprise, selon un sondage Ipsos pour Steelcase ?

Venue des start-up états-uniennes en quête de nouvelles armes de séduction pour remporter la guerre des talents, la fonction interne, ou externe le plus souvent, se répand en France depuis les années 2010, dans le numérique notamment. Mais on en trouve aussi dans

---

31. Cécile Desjardins, « Contrôle de gestion : une révolution à pas (très) feutrés », *Les Échos*, 21 décembre 2016 ; https://business.lesechos.fr/directions-financieres/comptabilite-et-gestion/controle-de-gestion/0211609317053-controle-de-gestion-une-revolution-a-pas-tres-feutres-303752.php

32. Voir : Florent Vairet, « Pour ou contre le chief happiness officer », *Les Échos*, 9 avril 2018, https://business.lesechos.fr/directions-ressources-humaines/ressources-humaines/bien-etre-au-travail/0301491464170-pour-ou-contre-le-chief-happiness-officer-320108.php ; Eva Illouz, *Happycratie*, Premier Parallèle, 2018 ; Julia de Funès et Nicolas Bouzou, *La Comédie (in)humaine*, L'Observatoire, 2018.

l'assurance (Axa), la santé (Boiron), la distribution (Kiabi). Parfois, c'est même le DRH qui s'est rebaptisé ainsi (Sécurité sociale belge).

Simple affichage révélateur de symptômes ou volonté réelle de prêter attention aux conditions de travail des salariés ? Reste que son utilité réelle n'est pas démontrée. Il est d'ailleurs facile pour des auteurs, comme Eva Illouz dans *Happycratie* ou Julia de Funès et Nicolas Bouzou dans *La Comédie (in)humaine*, de tourner en dérision cette fonction qu'ils considèrent comme un gadget ou, pire, une injonction au bonheur dans un système de plus en plus contraignant.

Les critiques sont souvent fondées. Alors que la vie quotidienne des collaborateurs est rythmée par les plans de réduction des coûts et l'inflation des procédures, un individu serait chargé de créer les conditions du bonheur au travail. Absurde. Grotesque manipulation. Reste que les attaques contre la psychologie positive sont souvent caricaturales. Cette branche de la psychologie n'a rien d'une injonction au bonheur comme on voudrait le faire croire. Il s'agit d'une part de prendre conscience que chacun a la capacité d'agir sur son humeur et la tonalité de ses émotions, et d'autre part de méthodes éprouvées pour progresser dans ce sens.

Résoudre la complexité par le discours

Reconnaissons que faire coexister les modèles paquebot et start-up est d'une complexité extrême. D'autant que les événements inattendus viennent à tous moments bousculer l'édifice. À chaque instant, la rente peut décliner plus vite qu'on ne l'imaginait, tandis que les nouvelles activités ont des résultats plus qu'aléatoires. Tout cela dans un contexte où la pression sur les résultats ne faiblit jamais. Il faut changer, il faut oser, il est nécessaire de collaborer pour améliorer l'efficacité globale. Tout le monde est d'accord, mais c'est toujours en faisant plus de la même chose, sur le même mode, qu'on est le plus sûr des résultats.

Face à cette complexité, la plupart des dirigeants, plutôt que de faire des choix simplificateurs et donc risqués, préfèrent tenir le discours du « en même temps ». N'arrivant pas à résoudre eux-mêmes les contradictions produites par la superposition des modèles, ils les déversent sur leurs équipes. Il faut avoir l'esprit start-up, il faut gagner en agilité, mais sans changer les principes de base du modèle ancien. Aux équipes de trouver les solutions dans les discours qui mêlent les contradictions. Autrement dit, à elles de se mettre en risque, à elles de tenter de combiner les contraires. Selon les résultats, les managers serviront de fusibles ou seront promus.

Recherche solutions désespérément

Rien n'est plus déstabilisant pour les dirigeants que de se dire qu'ils n'ont pas de solutions. Mais devant une situation très nouvelle, en dehors des vieilles recettes dont on a vu les limites, aucune solution n'a la force de l'évidence. Comme toujours, les modes se succèdent. La solution viendra de la jeunesse, affirment certains, et voilà la création d'un *shadow comex* de trentenaires chez Accor, par exemple, ou chez Engie Ineo[33]. Il y a trop de niveaux hiérarchiques ? On en supprime plusieurs et on fait le pari que l'organisation s'adaptera, façon management horizontal chez Swiss Life. Il faut se digitaliser ? On nomme un « Chief Digital Officer » venu de la nouvelle économie qui convertira tous les acteurs à de nouveaux usages. En 2017, le quotidien *Les Échos*[34] notait que leur nombre avait triplé, 62 % des entreprises françaises étant désormais dotées de ce profil (LVMH, L'Oréal, Total, SNCF et même SEB). Et comme le big data envahit tout et qu'il s'agit de montrer que cette révolution a été prise en compte, les Chief Data Officer fleurissent à leur tour dans les organigrammes.

Comme toutes les entreprises d'un même secteur sont dans la même situation, la bonne vieille méthode du *benchmark*, consistant à copier les meilleures pratiques des concurrents, ne marche plus. Dès lors, on assiste à une alternance de recherche d'hommes (ou de femmes) providentiels et à une succession d'idées à la mode mise en place dans la précipitation. Tout cela

---

33. « Quand les jeunes prennent les commandes », *Le Monde*, 7 juin 2018.

34. Cécile Desjardins, « Les chief digital officer se multiplient, surtout en France », *Les Échos*, 21 juin 2017 ; https://business.lesechos.fr/directions-numeriques/metier-et-carriere/profils/030397782913-les-chief-digital-officer-se-multiplient-surtout-en-france-310901.php

accentue encore le sentiment de manque de ligne directrice pour les équipes, qui le vivent comme de la dispersion et des « *stop and go* » permanents. Ce phénomène des modes managériales est documenté depuis la fin des années 1980 et ne cesse de s'accélérer. Les chercheurs lui ont même donné une définition. Les modes sont « des croyances collectives transitoires disséminées par le discours des professionnels des savoirs managériaux, qui décident qu'une technique de management est à l'avant-garde d'un progrès rationnel du management[35] ».

Le besoin de solutions rapides, la tentation de la mode et la pression des enquêtes internes qui montrent le malaise interne, tout conduit à se précipiter sur les symptômes du problème plutôt que de l'aborder de façon systémique. Comme un médecin qui chercherait à faire baisser la fièvre sans s'interroger sur la maladie qu'elle révèle.

Des collaborateurs déboussolés

Que dire de l'effet produit sur les collaborateurs ? La plupart d'entre eux sont attachés à leur entreprise et cherchent du sens dans ce qu'ils font ; ils souhaitent s'impliquer dans les projets, voir des réalisations aboutir, contribuer à leur succès. Or l'excès d'implication les met en danger. Ils risquent en effet de se trouver en situation de faire et de défaire, de gérer des contradictions, voire d'être mis en cause par le manque de résultats. Dès lors, le réflexe protecteur consiste à rester à distance, à limiter l'investissement dans le travail au profit des autres champs de vie. Finalement, ils font comme les dirigeants : ils tiennent en attendant de voir comment les choses évoluent. En témoignent l'enquête mondiale Gallup de 2017 et celle sur l'évolution des conditions de travail et des risques psychosociaux de la Dares en 2016 (voir encadré 2.4). Désenchantement, certes, mais aussi moindre prise de risque car, là aussi, comme leurs dirigeants, les collaborateurs jouent le court terme.

---

35. « Qu'est-ce qu'une mode managériale ? », *The Conversation*, 26 novembre 2017, https://theconversation.com/quest-ce-quune-mode-manageriale-87807

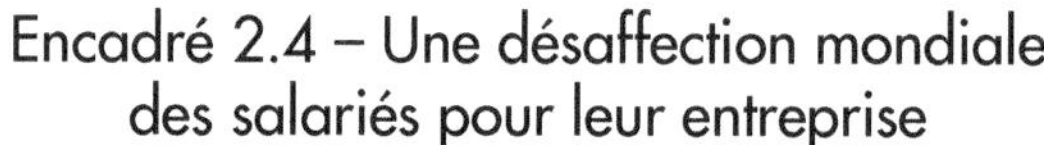

Encadré 2.4 – Une désaffection mondiale des salariés pour leur entreprise

Évolution des marges de manœuvres de 1991 à 2016

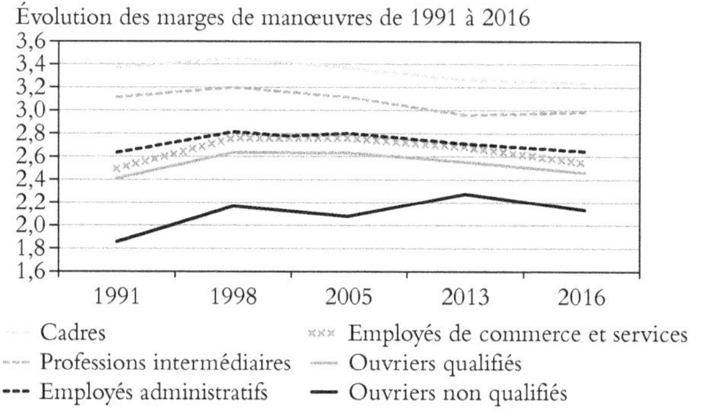

Note : le score est compris entre 0 et 4. Il est calculé en comptant :
– 1 si le salarié choisit lui-même la façon d'atteindre les objectifs (plutôt que de recevoir des indications précises).
– 1 s'il n'applique pas strictement les consignes (ou n'en reçoit pas).
– 1 s'il n'a pas de délais ou peut les modifier.
– 1 s'il règle lui-même les incidents, au moins dans certains cas.
Champ : salariés de France métropolitaine.
Sources : Dares, DGAFP, Drees, Insee, enquête Conditions de travail et risques psycho-sociaux (1991, 1998, 2005, 2013, 2016).

« Seuls 6 % des salariés sondés début 2018 s'affirment engagés au travail, c'est-à-dire très impliqués à la tâche et enthousiasmés par leurs missions professionnelles, selon la définition de Gallup », rapportait le magazine *Challenges*, associé au cabinet américain pour la diffusion de son enquête mondiale State of the Global Workplace[36]. « Pire, un Français sur cinq s'estime franchement désengagé – c'est-à-dire malheureux au travail – et exprime activement son mécontentement. Soit l'un des pires scores d'Europe de l'Ouest. »

Selon Laragh Marchand, associée au cabinet, cette exception française s'expliquerait « par une culture du dialogue social historiquement très conflictuelle, des pratiques RH trop top-down ou encore un recrutement des managers davantage axé sur les compétences techniques que relationnelles ». Mais pour la sociologue du CNRS Danièle Linhart, il faut se méfier des effets d'optique : « Les Français ne sont pas plus désengagés au travail qu'avant, au contraire. Plusieurs

---

36. Marion Perroud, «Tâches répétitives, contrôles : les salariés de moins en moins autonomes », *Challenges*, 21 décembre 2017 ; https://www.challenges.fr/emploi/management/taches-repetitives-controles-les-salaries-francais-sont-de-moins-en-moins-autonomes_556086

> études montrent qu'ils consomment de plus en plus de drogues et de médicaments pour suivre le rythme que leurs employeurs leur imposent. Ils se battent pour tenir face à la difficulté de devoir se surpasser, avec moins de moyens et d'autonomie, dans un environnement changeant et dénué de collectif. Qui dit forte implication, dit fortes attentes et donc à la clé, des déceptions d'autant plus violentes. »
>
> Fin 2017, le magazine s'étonnait déjà de la perte d'autonomie des salariés français, au plus bas depuis vingt ans, relevée par la dernière enquête de la Dares sur l'évolution des conditions de travail et des risques psychosociaux : « On aurait pu croire que l'explosion des nouvelles technologies, le bond du niveau de qualification des Français, la tertiarisation de l'économie ou encore l'avènement de nouveaux modes de gouvernance (management participatif, holacratie…) auraient permis de responsabiliser et de renforcer les marges de manœuvre des salariés au bureau. C'est tout le contraire qui semble se dessiner[37]. »

Est-ce pour compenser cette lourdeur quotidienne ou pour répondre à une nouvelle génération qui arrive sur le marché du travail avec des aspirations de sens plus affirmées ? En tout cas, les entreprises soignent leur discours sur leur finalité, leur *purpose* comme disent les Anglo-Saxons. BlackRock a interrogé à ce propos 1 200 sociétés dont il est actionnaire et est en train d'en analyser les 800 réponses « afin de déterminer quels PDG, dans leurs rapports annuels, expliquent à leurs actionnaires leur stratégie de long terme et leur finalité. De plus en plus évoquent la responsabilité environnementale de leur entreprise, son implication dans la communauté. Nous observons d'énormes progrès. […] Ces cinq prochaines années, il faudra surveiller comment ils passent des mots aux actes[38] ».

Comment en effet les entreprises s'inscrivent-elles dans une utilité générale qui dépasse la simple question des résultats financiers et du produit pour les clients ? Danone, en vendant des produits laitiers et de l'eau minérale, proclame agir pour la santé dans le monde et la biodiversité, par exemple. Mais l'un des risques de

---

37. « Quelles sont les évolutions récentes des conditions de travail et des risques psychosociaux ? », *Dares Analyses*, n° 082, décembre 2017 ; https://dares.travail-emploi.gouv.fr/IMG/pdf/2017-082v3.pdf

38. *Op. cit.*

ce type de discours est d'accentuer encore chez les équipes de terrain le sentiment de décalage entre les intentions affichées et une réalité beaucoup plus prosaïque, centrée sur les résultats. L'effet est encore pire lorsque le cynisme est brutalement révélé. En témoignent les milliers de salariés de Google qui, fait sans précédent dans une société de la new tech dépourvue de syndicats, sont descendus dans la rue pour protester contre les pratiques de dissimulation de cas harcèlement sexuel d'un employeur dont la devise quasi évangélique est « Ne pas faire de mal ».

Au cœur de toutes ces contradictions se trouvent les managers. Par essence représentants des dirigeants, ils sont confrontés par leurs collaborateurs aux incohérences du système. Comme s'ils en étaient responsables ou simplement pouvaient les résoudre ! Pourtant, leurs dirigeants comme leurs collaborateurs attendent d'eux qu'ils trouvent des solutions et, pour le moins, qu'ils fassent tourner un système de plus en plus complexe et soumis aux contraintes contradictoires.

À retenir et à partager

- Les grandes entreprises disent vouloir entrer dans le futur, mais elles s'accrochent à leur rente et gèrent à court terme.
- Plutôt que d'aller véritablement de l'avant, elles embauchent des Chief Happiness Officer, multiplient les changements cosmétiques et font du *tech washing*.
- Résultat, les acteurs se démobilisent.

Et vous ?

Combien de programmes de changement avez-vous menés ou vécus depuis que vous êtes dans votre entreprise (ou que vous travaillez) ?

Combien ont eu de vrais effets ?

Percevez-vous des contradictions dans le discours de vos dirigeants ?

Chapitre 3

Le manager à tout faire, réceptacle des contradictions

Certains annoncent la fin du management, comme d'autres l'avaient fait de l'histoire[39]. La question se pose en effet. S'il est communément admis que les dirigeants restent indispensables, la demande est moins évidente en ce qui concerne les managers. À quoi servent-ils ? À tout, répondent les premiers, à rien se demandent parfois les seconds. Il est vrai qu'au cours de ces dernières années la fonction a été considérablement secouée, oscillant entre ces deux pôles : le tout faire et le rien faire. Ce qui, à l'instar de la plupart des extrêmes, revient souvent au même.

Jamais en effet, le décalage n'a été aussi grand chez les dirigeants entre un discours magnifiant « l'esprit start-up », qui pousse à la responsabilisation et à la prise d'initiative du terrain, en exigeant le travail en équipe, et l'injonction de respecter le carcan des systèmes, du reporting et des process. Car, derrière le discours, les

---

39. Voir : Gary Hamel, *La Fin du management*, Vuibert, 2008 ; Francis Fukuyama, *La Fin de l'histoire et le dernier homme*, Flammarion, 1993.

acteurs continuent d'être évalués sur leur discipline, le respect des process et la performance individuelle. Cette double contrainte, mécanisme de l'injonction contradictoire bien décrit en psychopathologie, est réputée rendre fou. Elle oblige les managers à gérer des incohérences en permanence.

Certains capitulent désabusés, d'autres s'épuisent à essayer de combler ce fossé. Mais, une chose est sûre, cette tension a atteint un point critique. Selon les travaux de Seth J. Prins à l'université Columbia (New York), 19 % des *supervisors* (premier niveau d'encadrement) et 14 % des *middle-managers* (deuxième niveau) américains souffrent de dépression, alors que celle-ci touche seulement 12 % des PDG et des salariés de base[40].

C'est déjà assez difficile de se gérer soi, alors une équipe...

On ne s'étonnera pas que la fonction managériale fasse de moins en moins rêver. La moitié environ des salariés non cadres du privé dont un petit tiers (28 %) des professions intermédiaires ne souhaite pas devenir cadre[41]. Le malaise est aussi palpable chez les cadres en place – directeur d'usine ou de supermarché – comme le relève le site français de la Harvard Business Review[42]. Enfin, selon une enquête menée en 2016 par ManpowerGroup auprès de 19 000 personnes en activité nées entre 1982 et 1996, soit la fameuse génération Y, 6 % seulement des jeunes actifs de 20 à

---

40. Seth J. Prins, "Anxious? Depressed? Blame it on your middle-management position", 19 août 2015, Columbia University ; https://www.mailman. columbia.edu/public-health-now/news/anxious-depressed-blame-it-your-middle-management-position

41. N. Bosse, « Devenir cadre, une perspective pas toujours attrayante », *Céreq Bref*, n° 298-2, juillet 2012 ; http://www.cereq.fr/publications/Cereq-Bref/Devenir-cadre-une-perspective-pas-toujours-attrayante

42. David Courpasson, « Pourquoi en ont-ils marre d'être chef ? », *Harvard Business Review*, 28 octobre 2014 ; https://www.hbrfrance.fr/chroniques-experts/2014/10/4357-pourquoi-en-ont-ils-marre-detre-chef/

34 ans souhaitent gérer une équipe et 15 % « ambitionnent d'occuper un poste de direction[43] ».

Comme nous l'avons vu au chapitre précédent, de nombreuses incohérences de l'entreprise proviennent de la difficulté à combiner la création de nouveaux business et l'exploitation du *business model* établi. Nous allons voir maintenant que bien d'autres contradictions pèsent sur les managers.

COMBINER LOW COST ET VALEUR AJOUTÉE

Simon est satisfait. Son équipe est enthousiaste à la perspective de se lancer dans un exercice de brainstorming pour tester une nouvelle construction de relation client de proximité. Depuis vingt ans qu'il travaille dans cette banque, il a vu de très nombreux pseudo changements, projets et annonces de transformation, mais jusqu'à présent rien n'a vraiment bougé. L'injonction reste la même : vendre le plus possible de produits aux clients. Cette fois-ci, le discours centré sur le client paraît plus sincère et, surtout, il leur est demandé de trouver eux-mêmes de nouvelles solutions. Pour réunir les conditions, Simon a décidé d'organiser une journée entière au vert avec ses principaux responsables venus de toute la France. La journée sera animée par un consultant qu'il a déjà vu opérer et dont il attend beaucoup.

Le premier problème surgit lorsque les achats refusent le devis du consultant. Non pas que le prestataire soit trop cher, mais il n'est pas référencé, il faut donc faire un appel d'offres. Tant pis, il se passera de consultant et animera lui-même, après avoir passé quelques soirées à étudier l'animation d'une séance de créativité.

La séance approchant, il consacre beaucoup de temps à construire sa journée en la structurant en différentes étapes. Deux semaines avant le jour J, il reçoit un mail d'un de ses collaborateurs lui annonçant que ses frais de déplacement ont été refusés. Une nouvelle procédure limite à

---

43. Étude menée par Reputation Leaders auprès 19 000 personnes en activité, nées entre 1982 et 1996 et 1 500 responsables du recrutement de Manpower-Group, dans 25 pays.

*cinq le nombre de déplacements maximum par an pour son niveau hié-
rarchique. Or il en a déjà fait sept. Situation similaire pour la plupart
des autres participants prévus. Simon annule son lieu de séminaire (qui
garde l'acompte) et prévoit une visioconférence. Plus question de faire
les étapes prévues, mais il ne se décourage pas pour autant.*

*Le jour J, deux visios sur les sept ne marchent pas, la réunion se ter-
mine en conférence téléphonique et n'accouche d'aucune idée vraiment
nouvelle.*

L'entreprise est multiple. Elle fait cohabiter plusieurs modèles,
notamment celui d'une organisation principalement centrée sur
le produit et les gains de productivité, et d'une autre tournée vers
le client et la production d'une forte valeur ajoutée. Or ces deux
logiques s'opposent presque en tout.

Les modèles à forte valeur ajoutée ont en commun d'être centrés sur le client (adapté à ses spécificités), innovants et complexes
(pour faciliter la vie dudit client). Les modèles low cost, quant à
eux, sont centrés sur le produit ou le service ; ils produisent des
biens ou des services standardisés, simples et bon marché, qui ont
vocation à être vendus en quantité ; ils deviennent des « commo-
dités ».

Ces deux modèles répondent à des logiques radicalement différentes sur le plan managérial. D'un côté, l'enjeu est de créer et de
faire perdurer les conditions de la complexité, ce qui suppose de
combiner des compétences variées ; de produire de l'innovation,
ce qui conduit à pousser les acteurs à prendre des initiatives ; de
s'ajuster en permanence aux spécificités de chaque client, ce qui
nécessite d'accorder une forte capacité décisionnelle au terrain.
De l'autre côté, l'enjeu est de faire le plus d'économies possible
en jouant sur les effets d'échelle. Il s'agit donc de limiter les initiatives, d'imposer un cadre de procédure rigide et de standardiser
la contribution de chacun pour que tout puisse être reproduit
facilement.

En cherchant à combiner les deux, bien des entreprises déclarent
se positionner sur des modèles à valeur ajoutée, tout en appliquant

les méthodes du low cost. Et c'est aux managers de faire en sorte que leurs collaborateurs osent prendre des risques, tout en respectant parfaitement la discipline des process.

PENSER COLLECTIF ET JOUER INDIVIDUEL

Comme deux fois par an, le Comex est réuni pour la people review. *La séance est animée par Florence, la responsable des dirigeants, qui a soigneusement préparé ses dossiers. Vient le sujet le plus sensible, celui de la nomination du futur responsable de la* supply chain. *Deux candidats sont en finale. « Pour moi, il n'y a pas de doute, François est beaucoup plus brillant. C'est un vrai spécialiste de la* supply chain, *d'ailleurs il a remis au carré le site de Gonesse qui partait à la dérive.*

— Peut-être, mais il est en conflit avec beaucoup de ses collègues et en tant que DG, je passe mon temps à arbitrer des désaccords dans lesquels il est souvent impliqué. Au moins, Pierre est apprécié de tous.

— C'est vrai, mais est-ce qu'il a une vision stratégique ? François, lui, on n'a pas besoin de lui demander, il ne manque pas une occasion d'en parler.

— Quelqu'un a-t-il déjà demandé à Pierre quelle était sa vision stratégique ?

— Non, mais s'il en avait une, ça se saurait.

— En somme, notre choix est entre un type brillant qui crée du conflit, mais fait avancer les choses, et un autre plus consensuel qui gère son activité sans vague, mais de façon efficace. On vote ? »

Florence tente d'intervenir pour insister sur la façon dont l'un et l'autre incarnent ou pas les valeurs de l'entreprise. « N'oublions pas que le jeu collectif est au cœur de nos valeurs et sur ce point... » Mais elle est coupée par le DG qui valide le vote en faveur de François. Il semble que les valeurs ont eu peu de poids dans la balance de la décision.

Le système pousse à l'individualisme. La base du capitalisme est le chacun pour soi. On gagne en général contre les autres, tout est devenu compétition et les héros sont ceux qui en tirent bénéfice pour eux-mêmes. Donc, contre les autres. Au sein de l'entreprise, cette compétition s'exprime d'abord par la performance individuelle, sanctionnée par une rémunération variable. Elle s'exprime aussi par une mise en rivalité systématique des acteurs pour la conquête des promotions, et des entités pour leur capacité à afficher (ou non) des résultats.

Les KPI (indicateurs clés de la performance) constituent les instruments de l'évaluation de la performance individuelle. Toute performance individuelle serait mesurable quantitativement, quel que soit l'individu. Or les KPI ne rendent compte que très partiellement de la performance d'un salarié. L'hypothèse est que la somme des performances individuelles en produit une collective. Ce qui se révèle erroné. Ces indicateurs reposent sur le principe qu'il n'y a qu'une seule façon d'être performant et que celle-ci est la même pour tous. Il suffit d'avoir travaillé en équipe pour se rendre compte que chacun peut avoir une contribution propre en fonction de ses talents et de ses expériences, lesquelles représentent une vraie ressource pour qui sait la reconnaître.

Les individus étant en permanence comparés et mis en rivalité, chacun comprend rapidement que son voisin est une menace potentielle. Surtout s'il montre quelque ardeur à la tâche. Il n'y a aucun intérêt à l'aider ou à le soutenir en quoi que ce soit, sous peine d'abord de perdre son temps, puis de se desservir éventuellement. En réalité, avoir des collègues moins performants que soi est une aubaine. C'est la base du système « *up or out* » (promotion ou éviction) emprunté aux cabinets de conseil et aux banques d'affaires anglo-saxons. Cette règle du jeu implicite est bien comprise par les acteurs : votre sécurité et vos gratifications dépendent de votre capacité à être le meilleur. La rivalité s'exacerbe encore lorsqu'il s'agit de progresser dans l'organisation.

En dépit de ses discours contre l'individualisme, l'entreprise porte en elle l'héritage de ce système qui reste plus ou moins prégnant. Il est parfois justifié sous le terme d'émulation… Cette émulation-là se paie au prix de l'efficacité collective. Or tous les états-majors savent que l'efficacité collective est devenue le nerf de la guerre. C'est justement parce qu'ils constatent les limites du système individualiste que les dirigeants font une promotion active du jeu collectif. « Jouer collectif », « collaboration », « transversalité », « casser les silos », autant de formules qui reviennent régulièrement. Les dirigeants en ponctuent leurs discours comme des injonctions. Elles apparaissent dans les chartes de valeurs. Elles sont présentes dans les objectifs donnés.

La principale difficulté du « jeu collectif » est d'en mesurer l'efficacité. Lorsque deux dirigeants s'opposent directement ou à travers leurs entités, à qui la faute ? Chacun estime qu'il fait tout pour collaborer et rejette la faute sur l'autre. On pourra certes toujours en appeler à la responsabilité partagée. La réalité est souvent plus complexe. Le jeu collectif résulte d'un état d'esprit et de comportements : envie de faire réussir l'ensemble au moins autant que sa propre structure, sens du partage, esprit de concession, compréhension des contraintes des autres, goût de l'entraide, les ingrédients sont nombreux. Bien souvent, la hiérarchie est mal placée pour évaluer leur mise en œuvre au quotidien. D'autant que les managers sont souvent poussés par leurs propres équipes à prendre des positions conflictuelles face à leurs pairs. Chaque concession étant interprétée comme un signe de faiblesse.

Quel serait le bon dosage entre le collectif et l'individuel ? Une fois de plus, le piège est dans le « et en même temps ». Il est interprété de la façon suivante : la compétition individuelle dont les managers sont issus n'est pas remise en cause, mais vient s'y superposer l'exigence du collectif. Le modèle d'évaluation individuelle étant souvent beaucoup plus puissant que celui du collectif, chacun voit davantage son intérêt dans le premier que dans le second. Par conséquent, le modèle de rivalité interne continue de fonctionner sur le même mode en toile de fond, même si chacun a compris qu'il fallait afficher l'apparence des codes de la collaboration. Alors que le vrai sujet est de doser la part du travail individuel pour que le collectif fonctionne efficacement.

Autrement dit, il s'agit de faire en sorte que le temps interminable des réunions, employé surtout à se neutraliser mutuellement, devienne un moment d'élaboration collective. Dès lors, le travail individuel ne sert plus à se faire valoir contre les autres, mais à apporter de la valeur dans le fonctionnement collectif : une mutation majeure pour beaucoup d'organisations.

Le manager vit cette contradiction pour lui-même et pour ses équipes. En ce qui le concerne, sa progression suppose qu'il se distingue. Pour ses équipes, il insiste sur le travail collaboratif pour améliorer leur performance. Mais n'oublions pas qu'il doit être exemplaire !

FAIRE L'EXPERT ET LE MANAGER

Dans *Le Manager est un psy*[44], nous avions insisté sur la nécessité de passer de l'expertise à l'humain. Le manager est celui qui dirige des équipes et sa valeur ajoutée est dans le management plus que dans l'expertise. Or, comme nous le montrerons au chapitre 7, la diversité de ses rôles s'est considérablement élargie. Bien souvent, on attend de lui qu'il soit un *primus inter pares*. Il coordonne, résout les problèmes, facilite, mais en s'appuyant le moins possible sur l'autorité hiérarchique.

Il tire justement son autorité de sa capacité à apporter de la valeur à l'équipe dont il a la charge, tant par son rôle de facilitateur que par sa contribution au travail collectif. Son rôle d'intermédiaire décroît. Autrement dit, il n'est plus question d'avoir des acteurs qui se contentent de faire faire. Ils doivent prouver qu'ils peuvent aussi faire eux-mêmes. Le manager qui se contentait d'organiser et de gérer les équipes n'a plus suffisamment d'autorité dans un modèle où chacun est plus autonome. Il doit savoir entrer dans le métier pour contribuer par ce qu'il fait lui-même. Il alterne le rôle de metteur en scène ou de coach sur le banc de touche, avec celui de capitaine sur le terrain avec son équipe.

Cette alternance des rôles complexifie considérablement sa tâche. Bien souvent, les compétences auxquelles il est fait appel

---

44. Éric Albert et Jean-Luc Emery, *Le Manager est un psy*, Eyrolles, 1998.

dans cette séquence de fonctions à remplir ne sont pas précisées. Il s'en dégage une impression de confusion associée à la perception qu'on demande au manager tout et son contraire. Être leader à un moment, à l'écoute à un autre, spécialiste face à un problème technique, coach pour faire émerger une solution collective, etc.

DONNER ENVIE ET METTRE LA PRESSION

« Ça ne va pas du tout ! C'est la quatrième réunion où on leur dit que le sujet principal c'est de booster le commercial, et ils n'ont toujours pas compris. Je pense qu'il faut changer de braquet. À partir de maintenant, chacun va faire un reporting des ventes tous les jours et bonus calculé en totalité sur son chiffre. Là, ils vont peut-être commencer à comprendre.

— Si tu fais ça, tu casses toute la dynamique qu'on a commencé à mettre en place pour leur donner envie. Pour ceux qui ont des relations d'experts avec leurs clients, le commercial, c'est souvent nouveau. Il faut qu'ils arrivent à le prendre comme un jeu, mais aussi qu'ils se sentent plus en confiance. Regarde, certains s'y mettent et y trouvent du plaisir. C'est vrai que ça prend du temps, mais je ne suis pas sûr que la pression et la peur soient les meilleurs moteurs.

— En attendant, à chaque fois qu'on a mis un bon coup de pression, ça a eu des effets immédiats.

— Immédiats certes, mais durables ? »

Rappelons ici les deux formes de la motivation. La motivation intrinsèque est celle qui, propre à chacun, donne envie de faire quelque chose pour la satisfaction que l'on trouve en le faisant. La récompense est dans le chemin, c'est le plaisir qui pousse à agir. Elle trouve sa source dans la combinaison de l'autonomie qui donne un sentiment de liberté, de la perception de faire des choses utiles pour lesquelles on obtient de la reconnaissance et de la qualité des relations qu'on entretient.

L'autre forme de motivation, extrinsèque, est celle qui résulte de l'attente d'une récompense (ou de l'évitement d'une punition). L'action est entreprise pour obtenir valorisation, rémunération, sécurité… Elle repose avant tout sur la rivalité entre les acteurs. Chacun se sentira reconnu en fonction de ce qu'il aura en plus des autres. Cette motivation, qui repose sur la comparaison et la sélection, trouve ses bases dans une représentation de la valeur des individus répartie selon une courbe de Gauss qui fait émerger les meilleurs et éliminer les « mauvais ». Elle mobilise des émotions souvent négatives comme la peur, la culpabilité, l'inquiétude. Certains managers sont des experts de cette capacité à mettre la pression sous différentes formes.

L'enjeu principal de la motivation est de ne pas éteindre l'envie des acteurs. Il est donc au moins aussi important de s'interroger sur ce qu'il ne faut pas faire que sur ce qu'il faut faire. Partant du principe que le ressort est interne à chaque individu, l'essentiel est d'en comprendre le mécanisme. Mais surtout d'accepter qu'il ne soit pas le même chez chacun. Dès lors, la question n'est pas tant d'entretenir la motivation que de trouver les leviers propres à des spécificités et à des talents différents, puis d'inciter les acteurs à se mettre au service du collectif et, enfin, d'organiser leurs interactions en s'appuyant sur leurs complémentarités plus que sur leur rivalité.

Pour autant, la pression garde une forme d'utilité. Certains acteurs l'internalisent si bien qu'il s'agit plutôt de les aider à la faire baisser. Ils n'ont besoin de personne pour ressasser leurs enjeux pendant leurs insomnies. Mais pour d'autres, le manque de pression interne nécessite qu'on leur en procure autrement. Ceux-là ont besoin de délais, de challenges, de points réguliers, de rappels à l'ordre. Sinon, ils laisseraient traîner les dossiers ou ne mettraient pas l'énergie nécessaire pour les faire aboutir. Nul besoin de brutalités ou de menaces, il s'agit de mettre en place des cadres plus resserrés.

Le manager est donc un super psy. Il doit comprendre chacun dans ses différences. Ajuster ses interactions pour stimuler la motivation intrinsèque, avec parfois une dose nécessaire de motivation extrinsèque. Mais bien sûr, il n'est psy qu'à temps partiel, car il y a tout le reste et il faut aller vite !

TOUT CONTRÔLER, MAIS FAVORISER L'INITIATIVE

« Comment va se passer la fête de fin d'année ?

— On ne sait pas, c'est une surprise. »

Le DG sent l'agacement monter. Il veut vérifier que la fête sera bien dans le ton des messages qu'il veut passer.

«Tu nous as dit qu'il fallait déléguer et laisser les équipes prendre des initiatives. C'est ce qu'on a fait. Les responsables de la fête ont eu un cahier des charges précis et un budget, et ils insistent sur l'effet de surprise.

— Mais enfin, c'est quand même moi le boss de cette boîte ! Si je veux savoir ce qui va se passer, personne ne peut m'en empêcher.

— OK, comme tu veux, reprends le contrôle. »

Sous l'effet conjugué de la précision des résultats exigés par les marchés d'une part, et de la multiplication des règles de toutes sortes (compliance, conformité, RSE, etc.) d'autre part, l'entreprise multiplie le nombre d'indicateurs à suivre. Qui est chargé de réunir les données et de les mettre en forme pour les remonter ? Encore le manager. Souvent d'ailleurs, les mêmes données doivent être remontées sous des formes différentes aux entités centrales.

De ce point de vue, l'inflation des normes dans l'entreprise n'a rien à envier à celle des normes publiques – on en compte 400 000 – dont le coût pour la France a été estimé à 60 milliards d'euros par la Commission européenne. Comme le faisaient remarquer Alain Lambert et Jean-Claude Boulard, les deux rapporteurs de la Mission de lutte contre l'inflation normative : « La norme peut être source de croissance, comme elle peut détruire de la croissance, en fonction de sa qualité, de sa complexité, et surtout de la pertinence du niveau auquel elle est placée [45]. »

---

45. Alain Lambert et Jean-Claude Boulard, « Rapport de la mission de lutte contre l'inflation normative », La Documentation française, mars 2013 ; https://www.ladocumentationfrancaise.fr/rapports-publics/134000199/index.shtml

Christian Morel, dans ses différents ouvrages sur « les décisions absurdes », a bien montré à quel point la multiplication des process peut conduire à l'erreur. Comme ce fut le cas dans l'accident du Costa Concordia, par exemple : « On finit toujours par tomber sur des faits non prévus, pour lesquels on n'a pas de solution en magasin… La belle organisation sombrera dans la dure réalité des relations humaines. Prendre en compte la boîte noire des facteurs humains de terrain est une exigence incontournable dans la quête de la haute fiabilité[46]. » Ces process constituent un véritable corset, voire un carcan, qui « empêche la plupart du temps les salariés de réaliser un travail de qualité et de donner le meilleur d'eux-mêmes[47] », explique Damien Collard.

Mais n'oubliez pas, chers managers, comme vous le rappellent en permanence vos dirigeants, l'enjeu principal est d'avoir une entreprise agile. L'injonction répétée est celle de la prise d'initiative : sortir de la pure répétition pour introduire dans le quotidien au moins de l'amélioration permanente, au mieux de l'innovation. C'est une autre porte étroite à trouver et à franchir par des managers à la fois garants des règles et du reporting d'une part et de la mise œuvre de l'intelligence collective de leurs équipes d'autre part, et qui doit conduire par tâtonnements à la créativité.

DONNER DU SENS ET S'ADAPTER EN PERMANENCE

« On n'a pas le choix ! » La formule est répétée comme un mantra pour justifier cette nouvelle réduction des coûts qui va impacter beaucoup de projets en cours et notamment ceux qui sont liés à digitalisation. Pourtant il y a deux ans, le directeur général avait annoncé à grand renfort de communication qu'il faisait un investissement massif dans la transition digitale de l'entreprise. Et là, tout d'un coup, on explique à Elsa qui travaille sur un projet essentiel qu'elle va devoir le poursuivre sans prestataires extérieurs. Autant dire qu'elle peut faire une croix sur tout le travail déjà fait. Déjà qu'ils sont à l'os en interne, sans aide extérieure, il n'y a plus aucune chance que ce projet voie le jour. Elle

---

46. Christian Morel, *Les Décisions absurdes III*, Gallimard, 2018.
47. Damien Collard, *Le Travail, au-delà de l'évaluation*, Érès, 2018.

ne contient plus sa colère. Tous ces efforts, ces soirées, ces insomnies à se demander comment mener à bien ce qui lui avait été présenté comme le challenge qui lui permettrait de faire un bond en avant dans sa vie professionnelle. Tout ça pour ça ! D'une humeur de chien, elle tente une intrusion dans le bureau de son boss. En vain. L'assistante lui explique qu'il est débordé et ne quittera pas le bureau avant 21 heures ce soir et que ce sera pareil toute la semaine.

Dépitée, elle ramasse ses affaires et rentre chez elle.

Faire, défaire, refaire. Participer au nouveau projet transformant, alors que les deux derniers chantiers sont encore en cours de déploiement. Intégrer que le changement n'est plus une succession de phases bornées dans le temps, mais un processus permanent. La question n'est plus ce qu'il faut changer (tout ?), mais ce qu'il ne faut pas changer. Le sentiment de tourbillon est très fort. C'est évidemment au manager de conduire ces changements. D'en faire comprendre la nécessité aux équipes et de les guider dans la façon de travailler différemment.

Beaucoup ont eux-mêmes du mal à trouver du sens à ces virages répétés. D'autant qu'ils sont souvent liés soit à des hommes (le nouveau dirigeant qui balaie d'un revers de main ce qui a été fait avant lui), soit à des circonstances (les conséquences de la sous-performance d'une entité autre que la leur). Si l'on ajoute la difficulté de hiérarchiser les priorités et le sentiment d'urgence qui s'attache à tout, il est bien difficile au manager de mettre les réalisations en perspective.

Dès lors, même lorsque l'entreprise et ses dirigeants ont fait l'exercice d'exprimer une finalité fortement inspirationnelle, le quotidien est rempli d'activités hachées. À l'occasion de son dixième baromètre sur la qualité de vie au travail, Malakoff Médéric relevait les alertes suivantes : « 68 % des salariés jugent leur travail nerveusement fatigant (tendance stable depuis dix ans) ; le rythme de travail s'est accéléré pour 44 % des salariés et 50 % des managers ; le travail s'est fragmenté, les temps de décision se sont réduits et la gestion des priorités est devenue un problème : 40 % des salariés ont du mal à gérer leurs priorités, contre 30 % en 2010. »

Comment dans ces conditions faire le lien entre les discours ambitieux et généreux d'une utilité qui dépasse largement les petits intérêts de l'entreprise et cette réalité terre à terre ? Au manager de trouver !

PRÉPARER SON ÉQUIPE À SE PASSER DE SOI

« Tu as remarqué, la boss ?

— Quoi donc ?

— On ne la voit plus…

— Normal, elle passe son temps au 37ᵉ, à des réunions de comités de pilotage x, y et z. L'avantage, c'est qu'on ne l'a plus sur le dos à vérifier la couleur du moindre graphique, et à devoir lui demander son feu vert pour chaque rendez-vous client. Les choses avancent enfin. D'ailleurs, toi aussi tu as eu ton rendez-vous cadrage…

— Oui, c'est nouveau. On a fait le point sur les trois projets dans lesquels je suis impliqué, là où ça bloquait, là où on a vraiment besoin d'elle, en clientèle notamment. Et puis elle est d'accord pour envoyer en formation à la gestion de projet les deux jeunes qui sont là depuis un an, c'est la relève.

— À ce rythme, on aura bientôt plus besoin de nous, non plus ! »

Enfin, le summum du paradoxe est qu'alors qu'on exige de plus en plus du manager, notamment d'absorber toutes les contradictions du système, on lui demande aussi de… disparaître. Réputé « petit chef » autoritaire, pauvre en valeur ajoutée, le manager devrait s'effacer pour libérer le collaborateur. Nous avons vu au chapitre 1 à quel point les nouveaux gourous du management idéalisent un modèle dans lequel moins il y a de managers, mieux l'entreprise se porte.

Tous chantent les mêmes ressorts : confiance, prise d'initiative par ceux qui sont en situation de faire, responsabilisation, etc. Dans ces modèles, le manager, tel qu'on le conçoit classiquement, c'est-à-dire, disposant de troupes sur lesquelles il exerce une autorité, n'a plus vraiment sa place. Il apparaît comme un frein à l'expression de cette énergie et de cette implication. Comme si pour couronner le tout, c'était lui le coupable de tous les dysfonctionnements de l'entreprise et qu'il était donc urgent de le faire disparaître !

Il arrive en effet que le manager soit chargé de faire mûrir son équipe afin qu'elle prenne son autonomie et qu'il ne soit pas nécessaire de le remplacer lorsqu'il quittera son poste. L'équipe, devenue parfaitement autonome, se fixera elle-même des objectifs, les suivra et gérera les problèmes qui se posent, techniques ou humains.

Les exemples de ce type d'expériences réussies existent et sont largement mis en valeur dans les livres des auteurs cités plus haut. Notons que ce sont toujours les mêmes entreprises ou modèles coopératifs qui reviennent (de Gore-Tex aux coopératives Mondragon ou Favi, en passant par les cacahuètes Jacques Benoît, revendues depuis). De plus, le recul manque pour apprécier la pérennité de ces expériences au-delà de leur dirigeant (car il y en a toujours un), souvent un leader charismatique et médiatique. Ce que montrent surtout ces tendances, c'est que le rôle du manager est entièrement à réinventer.

La fonction managériale est donc empreinte d'une grande confusion. En l'état actuel, elle pourrait être résumée par le terme « contradictions ». Ces contradictions, au manager de les absorber et de les résoudre, alors que le discours du « en même temps » semble les justifier. Centré sur l'humain et la différenciation des collaborateurs, il doit aussi montrer des capacités d'expert pour avoir une place et une autorité dans l'organisation. Au cœur de la multitude des problèmes à régler au quotidien, il est assommé de tâches administratives et a de moins en moins de soutiens (fonctions supports) à mesure de leur suppression au gré des plans de réduction des coûts qui se succèdent. Jamais cette fonction essentielle n'a été à ce point en crise et en perte de repères.

Notre conviction est que repenser la fonction managériale passe d'abord par un travail que chacun doit faire sur soi. De même que les psys ont besoin de prendre du recul sur leur façon d'exercer le métier et les réactions que cela provoque chez eux, le manager dans son environnement doit être capable de prendre ce même recul. C'est l'objet de la deuxième partie.

À retenir et à partager

- En superposant plusieurs modèles d'organisation à finalité opposée (valeur ajoutée client/low cost industriel), l'entreprise coince ses managers dans des contradictions insoutenables.

- Les principales contradictions sont : exiger le jeu collectif tout en valorisant la performance individuelle ; donner envie et mettre la pression ; tout contrôler et espérer des initiatives ; parler de sens et multiplier les changements de cap ; être indispensable et… s'effacer.

Et vous ?

Quelles contradictions avez-vous eu à gérer (que vous les subissiez ou que vous les imposiez) ?

Avez-vous des interlocuteurs pour en discuter (pairs, n + 1) ?

Comment les surmontez-vous ?

PARTIE 2

Mon cerveau, ma liberté, mon comportement et les autres

Pour jouer son rôle de manager (comme celui de psy), il faut être capable de prendre du recul. Or rien n'est plus difficile aujourd'hui. On a vu dans la première partie à quel point les entreprises sont secouées par la révolution numérique et pétries de contradictions qui rejaillissent sur leurs dirigeants, managers et collaborateurs et perturbent ceux-ci dans leur activité quotidienne. Prendre du recul, c'est veiller tout à la fois à sa liberté psychique, à celle de choisir ses comportements et à celle de jouer sur son jeu relationnel.

Depuis 2007, l'élément perturbateur en chef est niché dans notre poche, modifiant en profondeur notre façon de travailler, d'agir et de prendre des décisions. L'arrivée du smartphone, devenu une prolongation du soi, change tout. Pas seulement en raison de l'infobésité qu'il diffuse en flux continu. Mais parce qu'en comblant tous les vides, il crée une addiction.

Que ceux qui, lassés par une réunion, n'ont jamais consulté leur appareil lèvent le doigt. En préférant manipuler notre smartphone plutôt que d'intervenir pour faire avancer la discussion, nous évitons de nous compliquer la vie et nous libérons la tension engendrée par notre curiosité pour ce qui s'est accumulé pendant les quelques minutes de déconnexion. Selon la British Psychological Society, ces réunions perturbées sont responsables de 37 milliards de dollars de pertes annuelles aux États-Unis. Pourtant, si 94 % des usagers interrogés par le Pew Research Center estiment qu'il n'est pas normal d'utiliser son portable en réunion, 89 % avouent avoir sorti leur téléphone lors de leur dernier meeting.

Combien d'entre nous, dès qu'ils sont confrontés à la difficulté d'écrire ou de résoudre un problème, ne sont pas tentés d'éviter la tâche en allant consulter des applis ? Que fait-on lorsqu'on arrive le premier au restaurant ? Le smartphone oriente et transforme la pensée, conditionne les comportements à court terme et crée une surcharge mentale et émotionnelle, au point de menacer notre liberté psychique. Un environnement qui, par son « intelligence », déstabilise l'intelligence humaine alors que celle-ci n'a émergé que très récemment dans la longue évolution de la vie animale et dépend encore d'un bagage très ancien d'automatismes qui la conditionne.

L'autre nouveauté qui suppose de veiller beaucoup plus à sa liberté psychique est que l'expérience est devenue davantage un handicap qu'un atout. Dans tout ce qui ne relève pas de l'humain (du « psy »), l'expérience conduisant à voir le futur à partir du passé empêche de se projeter dans tout ce qu'une situation peut avoir de nouveau.

C'est ainsi que la combinaison de l'intelligence artificielle et de l'expérience est en train, à notre insu, d'entraver notre liberté psychologique, voire de nous en priver.

Cette deuxième partie a donc pour vocation de montrer comment vous, dirigeants et managers, pouvez et devez vous astreindre à de nouvelles disciplines si vous voulez préserver vos capacités, afin d'être en mesure de remplir vos objectifs, de faire face à vos responsabilités et enfin d'apporter de la valeur ajoutée à votre entreprise. Bref, pour penser en innovant, tout en étant performant dans le présent, en intégrant le long terme et en gardant quelques longueurs d'avance sur l'intelligence artificielle.

Chapitre 4

Préserver sa liberté psychique

Dans ce chapitre, vous suivrez Quentin en sept séquences qui illustrent la manière dont le cerveau et l'environnement influencent les décisions, les émotions et les comportements à votre insu. Vous découvrirez également comment reprendre la main pour retrouver et préserver votre liberté psychique.

 ## Séquence 1 : Quentin a le cerveau harcelé

Jeudi, il est 8 h 30 – *Depuis une demi-heure, Quentin, DRH d'une grande entreprise, est absorbé par la rédaction d'une note pour le Comex. Après une analyse synthétique, il rédige des préconisations bien étayées. Son raisonnement est fluide et ses arguments s'enchaînent facilement. Sa concentration est intense et la rédaction progresse efficacement. Il est content de son travail. Il lui reste 10 minutes pour rédiger la conclusion et le mail. Il pourra ensuite se consacrer à la préparation de sa réunion d'équipe de 9 heures.*

Cette réunion est importante, car elle doit lui permettre de faire des arbitrages budgétaires pour réduire les coûts de fonctionnement de son équipe, sans freiner les investissements dans les développements digitaux. Il va falloir décider de coupes sur les budgets de prestations des quatre managers de son équipe. Chacun aura de bons arguments pour défendre son point de vue. Il aura besoin de toute sa lucidité pour arbitrer sans démotiver son équipe.

Il s'interrompt dans ses pensées pour lire un SMS qui vient de biper à son poignet. C'est Sylvie, sa n + 1. Elle a besoin de le voir avant sa réunion. Il quitte son bureau pour la rejoindre ; simultanément tombent deux SMS de managers qui s'excusent pour un retard probable à la réunion d'équipe. Il trouve Sylvie préoccupée et tendue. Elle doit répondre sans délai à une question du président qui est en réunion avec des clients.

Depuis deux jours, Sylvie annule les réunions de travail prévues avec lui pour faire face à des urgences à l'extérieur de l'entreprise. Faute de la voir, Quentin lui a transmis le dossier par mail, mais elle n'a pas eu le temps d'en prendre connaissance. Il est le seul à avoir les informations dont elle a besoin pour répondre au président. Pour aller plus vite, il rédige lui-même le mail en sa présence. Mais Sylvie le bombarde de questions ; elle veut être sûre de bien comprendre les informations qu'elle va transmettre au président. De son côté, Quentin est toujours préoccupé par sa réunion à venir ; des idées lui viennent et il se dit qu'il ne faut pas les oublier. Il y a aussi cette fameuse note pour le Comex qu'il n'a pas terminée. Sylvie s'énerve, elle se rend compte qu'il y a des erreurs dans la proposition de mail de Quentin. Elle voit bien qu'il n'est pas complètement disponible pour l'aider. Après des échanges un peu tendus, Sylvie termine elle-même le mail.

9 h 10 – *Quentin est en retard ; il repasse à son bureau prendre sa tablette et son dossier et descend en salle de réunion. Dans l'ascenseur, il croise un collègue avec qui il échange sur le problème de Sylvie et qui lui donne des informations complémentaires. Arrivé devant la salle de réunion, il appelle Sylvie pour lui transmettre le complément d'information. L'échange s'envenime, le mail est déjà parti, Sylvie le lui reproche, il aurait dû avoir cette information. Quentin est mal à l'aise.*

9 h 20 – *Il entre en réunion et démarre la présentation de l'ordre du jour après un « bonjour » un peu rapide à son équipe. Il donne la parole à Elsa, un de ses managers, pour qu'elle présente ses propositions de* *coupes budgétaires. Elle commence par rappeler ses objectifs et fait le point sur l'avancée de ses différents projets. Quentin écoute d'une oreille, tout en mettant un point final à la conclusion de sa note pour le Comex. Elsa a l'habitude de se disperser dans ses explications et elle n'est pas très claire sur sa méthode de réduction des coûts.*

En réalité, les digressions d'Elsa permettent à Quentin de terminer la note qu'il fait partir. Soulagement. De courte durée, car il voit arriver un mail de Sylvie sur sa tablette. Elle l'attend après sa réunion ; elle veut absolument revoir un dossier qu'elle présente au président à 10 h 30. Il est pourtant obligé de se recentrer sur la réunion lorsqu'il entend que la proposition d'Elsa est de 20 % inférieure à l'objectif de réduction demandé. Il s'énerve et tranche. Le projet phare d'Elsa sera mis en stand-by, à moins qu'elle ne se débrouille pour le terminer sans prestataire extérieur. Elsa tente de reprendre la parole, mais Quentin qui s'impatiente l'en empêche ; il la donne à Kemal pour la présentation suivante.

10 h 10 – *Quentin clôt la réunion. Il a atteint son objectif tout en continuant à surveiller ses mails et ses SMS. Il a même pu désamorcer plusieurs problèmes en donnant des réponses pendant la réunion. Mais ce meeting a laissé beaucoup de sujets en suspens. Il sait qu'il devra reprendre la discussion avec Elsa et les deux managers arrivés en retard. Tous ont demandé à rediscuter de leurs coupes. Faute de temps, Quentin a accepté. Il les verra demain à 16 h 30.*

10 h 15 – *Il retrouve Sylvie pour préparer son rendez-vous avec le président. Ils ont un quart d'heure devant eux, les échanges sont rapides, mais efficaces. Sylvie est satisfaite. Elle est prête et sera à l'heure pour sa réunion de travail avec le président.*

Quentin vit un début de journée banal. À son arrivée au bureau, il est complètement disponible pour rédiger sa note. Il utilise pleinement ses capacités intellectuelles, concentré sur une seule tâche, en pleine conscience. Puis son agenda est bousculé et il tente de s'y adapter : répondre à la demande de Sylvie, terminer sa note et boucler sa réunion dans les temps. Dans l'enchaînement des tâches, il n'a pas fini de préparer sa réunion d'équipe. Il la démarre en retard, il essaie de faire plusieurs choses à la fois pour gagner du temps. Il perd de vue son objectif prioritaire.

Au cours de cette réunion, Quentin réagit par habitude et approximation, en s'appuyant sur son expérience, sans tenir compte des informations à sa disposition. Sa performance baisse, son objectif s'éloigne et il crée de la tension relationnelle avec trois de ses collaborateurs.

Mais il a l'illusion de garder le contrôle. Déjà en difficulté, il ne résiste pas à l'envie de regarder ses SMS et ses mails. Il se met en double tâche et anime machinalement sa réunion. Il est très loin des capacités qu'il utilisait une heure auparavant, bien concentré sur la rédaction de sa note et jonglant avec tous les aspects d'un problème complexe.

Quentin est passé d'un mode d'action contrôlé à un mode d'action automatique. Sans le percevoir, il est passé d'un pilotage conscient de ses actions à un pilotage automatique. Ce changement de pilotage de l'action survient à chaque fois que se crée une charge mentale trop importante. Le flux de sollicitations alimente en continu la charge mentale. Lorsque celle-ci devient trop forte, le pilote conscient est débordé et le pilote automatique reprend progressivement le contrôle des actions en cours.

S'adapter automatiquement sans en prendre conscience est plus rapide et plus économique pour le cerveau. Par leur rapidité, ces réflexes sont adaptés à la sursollicitation, mais ils réduisent l'éventail de nos capacités d'adaptation. L'environnement VUCA menace notre liberté psychique en ce qu'il nous pousse à nous adapter rapidement et automatiquement sans en prendre conscience.

Sa liberté psychique entravée par les injonctions extérieures et les réactions automatiques de son cerveau, comment le manager peut-il reconquérir son espace mental et sa place au sein de ses équipes et de l'entreprise ? Pour répondre à ces questions, revenons d'abord plus en détail sur le fonctionnement de notre cerveau.

PILOTE CONSCIENT ET PILOTE AUTOMATIQUE : QUI FAIT QUOI ?

Les êtres humains oscillent en permanence entre des comportements pleinement conscients et des comportements déterminés par des automatismes. Pour commander nos actions, le cerveau utilise en effet deux modes de pilotage : le pilote conscient et le pilote automatique. Le pilote automatique fonctionne en continu pour agir sur le présent. Le pilote conscient intervient pour corriger, améliorer les actions en cours ou élaborer des plans d'action complexes en vue de répondre à des enjeux futurs (voir figure 4.1).

Figure 4.1 – La coopération des pilotes

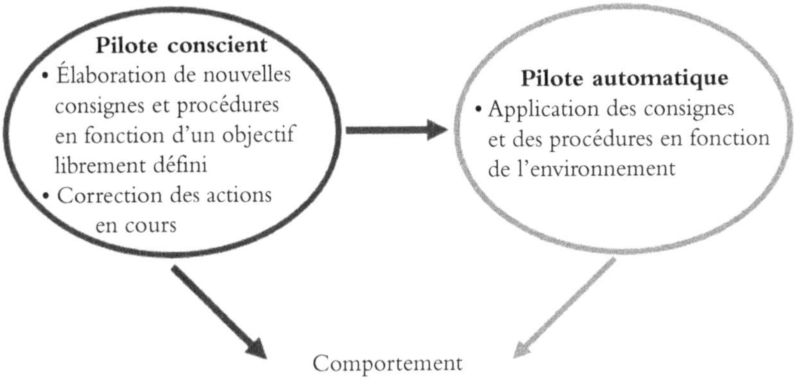

Le pilote conscient joue un rôle de stratège. Il décide des actions à mener dans le présent en fonction des enjeux les plus forts à moyen terme. Sous l'influence du pilote conscient, la pensée se construit de façon lucide pour réaliser des tâches complexes. L'action est structurée. Elle est focalisée sur l'objectif. Le pilote conscient contrôle l'efficacité de la progression des efforts par rapport à l'objectif défini. S'il y a des écarts, il lance des actions correctives pour garantir l'atteinte de l'objectif.

Le pilote conscient permet de s'adapter en toute lucidité et d'apprendre séquence par séquence des procédures complexes qui s'intègrent ensuite dans le pilote automatique. Il contribue à des performances intellectuelles pointues qu'aucune des procédures disponibles dans le pilote automatique ne peut accomplir. Il répond à des motivations fondamentales et à des buts élevés.

Le pilote conscient nous permet d'agir avec plus de précision par rapport à nos buts, avec une stratégie qui prend en compte le moyen et le long terme. Il est le garant de notre liberté psychique. Il nous permet d'élaborer ce que nous n'avons encore jamais fait.

Le pilote automatique détermine l'essentiel de nos comportements moteurs et mentaux. C'est un système qui reflète doublement le passé.

- Il est le reflet de notre passé très lointain en ce qu'il est l'héritier des systèmes élaborés tout au long de l'évolution des espèces animales pour garantir leur survie : se protéger des dangers extérieurs et garantir la stabilité des équilibres internes de l'organisme (température corporelle, glycémie, pression artérielle, etc.). Ses réactions sont donc très dépendantes de nos émotions et des variations brusques de notre environnement physique.

- Il est également le reflet de notre éducation, de nos apprentissages, de nos expériences, en ce qu'il est la mémoire de toutes les réactions qui nous ont permis de nous adapter efficacement à notre environnement depuis notre naissance. Il reproduit des réponses apprises face à certaines caractéristiques et sollicitations de l'environnement. Il est construit largement sur la base des ressentis liés à nos expériences. Sous son influence, les comportements sont stéréotypés et très sensibles aux émotions.

L'action ainsi pilotée est « globalement » adaptée à la situation en fonction des ressemblances avec des cas de figure déjà vécus et des réponses efficaces dans ce type de configuration. Par exemple : répondre en priorité aux sollicitations de la hiérarchie, agir rapidement, prendre le contrôle, repousser ses limites, couper la parole, se mettre en retrait, donner envie, rassurer, etc.

Quand le système de pilotage en pleine conscience est débordé (surcharge mentale, débordement émotionnel, fatigue), le système automatique prend le relais et notre liberté d'action est menacée (voir figure 4.2).

Figure 4.2 – Charge et surcharge mentales

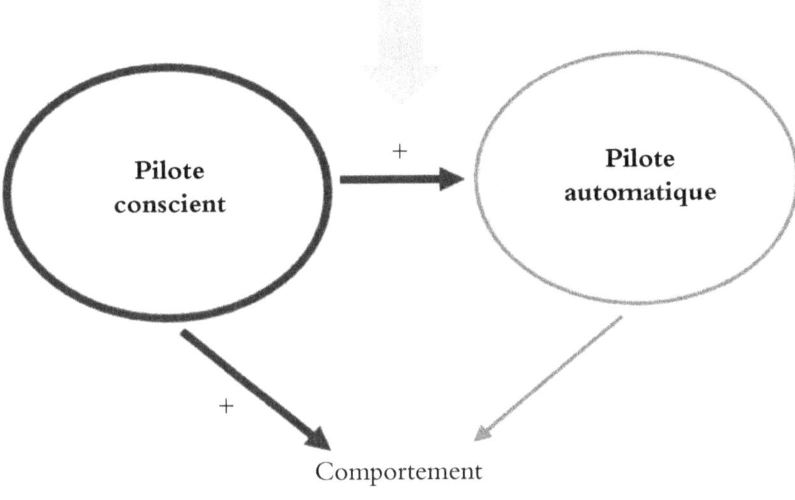

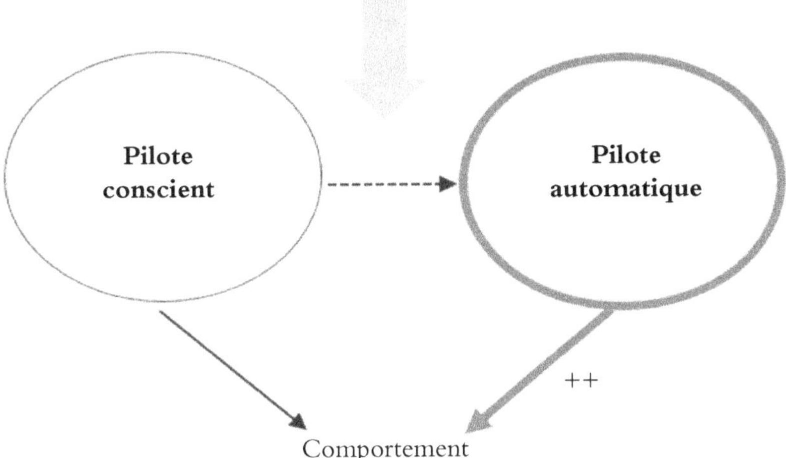

À présent, regardons de plus près comment la gestion de la charge mentale détermine le basculement ou non du pilotage conscient en pilotage automatique.

La charge mentale, arbitre des pilotes

La charge mentale est la somme des tâches en cours de traitement et de celles qui attendent d'être traitées. Quelle est la charge mentale de Quentin en début de journée ? Il est reposé, installé dans un espace confortable, calme et sans sollicitation extérieure directe. Ses activités sont bien planifiées : à 8 heures, rédaction de la note pour le Comex ; à 9 h 10, préparation de sa réunion d'équipe de 9 h 30. Pour la rédaction de sa note, il est très bien organisé. Il a une vision d'ensemble de ce qu'il doit réaliser. Les enjeux sont clairs et il avance étape par étape. Il pioche au fur et à mesure, dans sa mémoire et dans les documents qu'il a préparés, les informations et les connaissances indispensables pour réaliser chaque étape. Il est dans la situation optimale pour réussir une performance intellectuelle de bonne qualité. L'essentiel de ses capacités intellectuelles est consacré à une seule tâche. Dans cette séquence, Quentin travaille en utilisant pleinement ses capacités intellectuelles. Grâce au pilote conscient, il agit en pleine conscience et en toute liberté ; il travaille sur les objectifs qu'il s'est fixés en ayant pris le temps d'analyser les moyens de les atteindre.

Depuis trente ans, les recherches menées dans le champ de la philosophie et des neurosciences cognitives pour définir les contours de la conscience proposent de nombreux modèles théoriques. Notre représentation du traitement de la charge mentale par le pilote conscient s'appuie sur l'hypothèse d'un espace de travail global conscient formulée par Stanislas Dehaene[48] et sur « l'esquisse pour une psychologie scientifique de la conscience » proposée par Lionel Naccache[49].

Dans notre représentation, le pilote conscient combine plusieurs actions. Il fixe les objectifs (finir la note pour le Comex), il définit et planifie la stratégie d'action et assure l'exécution de toutes les tâches nécessaires pour atteindre l'objectif. Puis, il prend le contrôle

---

48. S. Dehaene, M. Kerszberg, J.-P. Changeux, "A neuronal model of a global workspace in effortful cognitive tasks", PNAS USA, 1998, p. 95.
49. Lionel Naccache, *Le Nouvel Inconscient,* Odile Jacob, 2006.

sur le pilote automatique. Dans un troisième temps, il induit la connexion simultanée des zones cérébrales utiles au traitement de chaque tâche pour partager les informations disponibles. Cette connexion crée un espace de travail global conscient qui permet de traiter les tâches une par une, séquence par séquence. Enfin, il régule l'équilibre entre les tâches en attente dans sa mémoire et les tâches qui vont être traitées dans l'espace de travail.

Notre pilote conscient fonctionne bien tant que ses capacités d'attention, de mémoire et de régulation de l'espace de travail ne sont pas dépassées. Les capacités d'attention et de concentration sont d'autant plus préservées que nous nous trouvons dans un environnement externe de qualité : confortable, sans distractions, sans sollicitations et si possible déconnecté de nos outils numériques. Elles sont également tributaires de notre équilibre interne : équilibre énergétique et physiologique, équilibre attentionnel et équilibre émotionnel (voir figure 4.3).

Figure 4.3 – Le pilote conscient efficace

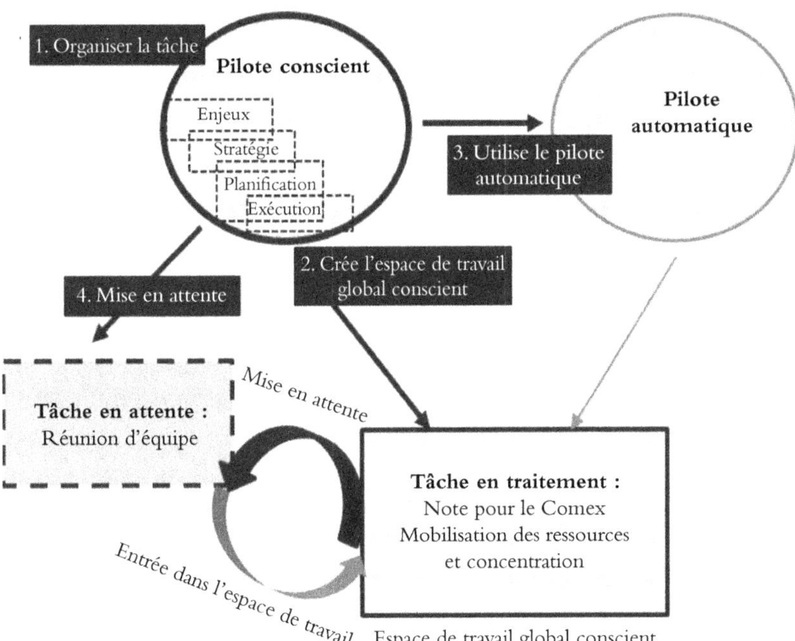

La gestion efficace de la charge mentale repose sur un bon équilibre entre le poids des tâches en attente de traitement et le poids des tâches présentes dans l'espace conscient de travail. Tant qu'il y a un bon équilibre, le pilote conscient joue le rôle du stratège : il planifie le traitement des tâches en fonction des enjeux les plus importants.

Dans le cas de Quentin, la tâche en cours de traitement (rédaction de la note au Comex) est bien calibrée. Elle ne concentre pas la totalité des ressources du pilote conscient sur la création de l'espace de travail. Une partie de ces ressources reste disponible pour maintenir à distance les préoccupations en attente. Ainsi, à chaque fois que la préoccupation de la réunion d'équipe tente de se faufiler dans l'espace de travail de Quentin, le pilote conscient a la disponibilité attentionnelle pour la repérer et la remettre en attente. Le pilote conscient est efficace car il a suffisamment de ressources à consacrer au traitement de la tâche, tout en ayant des réserves pour maintenir la préoccupation en attente, hors de l'espace conscient de travail.

QUAND LA CHARGE MENTALE DEVIENT SURCHARGE MENTALE

En ce début de matinée, la charge mentale globale de Quentin est donc modérée et bien équilibrée. Il peut se concentrer sereinement sur sa note. Il est libre Quentin… Jusqu'au moment où s'affiche le SMS de Sylvie…

Le traitement de la charge mentale en toute conscience est en effet possible tant que celle-ci n'excède pas les possibilités du pilote conscient. La protection de notre liberté psychique dépend donc directement du poids de notre charge mentale. Une histoire brève proposée par Michaël Ballé [50] l'illustre très bien :

« Elle l'a rencontré dans un bar. Ils ont fait connaissance. Rapidement, ils ont sympathisé. Il lui a proposé de la raccompagner. Il l'a fait passer par des ruelles sombres et peu fréquentées. Il lui a dit que c'était un raccourci. Il l'a ramenée chez elle, si vite, qu'elle est rentrée à temps pour regarder le JT de 20 heures. »

Cette histoire vous a-t-elle surpris ? La chute laisse toujours un sentiment étrange. Elle surprend comme si ce n'était pas la fin attendue. C'est qu'elle met en évidence un hiatus entre l'histoire telle que vous l'avez lue et les hypothèses que vous avez formulées. Vous avez en effet traité les différentes informations en parallèle de votre lecture avec

---

50. Michaël Ballé, « La loi du moindre effort mental », *Sciences Humaines*, juin 2002.

> des partis pris et des interprétations automatiques. Vous avez proba-
> blement envisagé plusieurs conclusions différentes, mais aucune aussi
> peu probable que celle du journal de 20 heures. À quel moment vous
> en êtes-vous rendu compte ?

Cette histoire est très utile pour comprendre un des aspects fon-
damentaux du fonctionnement de notre cerveau. Nous pensons
beaucoup, automatiquement, sans le percevoir hors de notre
espace de travail conscient. Beaucoup de processus se réalisent en
parallèle, sans que l'on en ait conscience.

De l'arbre à la forêt

Lorsque nous avons passé une bonne nuit, nous commençons
nos journées avec une charge mentale limitée. La première pensée apparaît et en amène rapidement plusieurs. Comme un tronc
d'arbre avec ses premières branches. Quelques minutes plus
tard, le bourgeonnement des idées aboutit à une multiplication
des ramifications. L'arbre est complet avec toutes ses feuilles. La
charge mentale crée de la charge mentale.

Puis l'environnement externe avec son flux de sollicitations se
conjugue à l'environnement interne et son flux de pensées pour
aboutir en quelques heures à l'émergence d'un bois. En fin de
matinée, le cerveau pourrait ressembler à une forêt tropicale où
il est de plus en plus difficile de développer de nouvelles idées,
d'élaborer des raisonnements complexes, de faire la part des
choses entre les enjeux majeurs et l'écume des jours.

Toute cette activité psychique menée en parallèle participe à la
constitution de la charge mentale, mais sans que nous le perce-
vions vraiment. Cela peut parfois nous donner l'illusion que nous
pouvons tout faire en même temps et nous pousser à tout faire
en même temps. Cela provoque régulièrement des petits coups
de pompe, mais sans jamais de panne complète : le pilote automatique prend en effet toujours le relais, pour le meilleur le plus
souvent, à notre détriment parfois.

Une chose après l'autre

À l'inverse, le traitement des tâches dans l'espace de travail conscient est toujours séquentiel. Pour être efficace, le pilote conscient ne peut faire qu'une seule chose à la fois. La création de l'espace de travail conscient rend en effet possible l'action simultanée de processeurs spécialisés logés dans toutes les zones de notre cerveau, même les plus éloignées les unes des autres. Cette connexion simultanée libère une grande puissance de travail, mais celui-ci ne peut s'effectuer que de manière séquentielle. Autrement dit, le pilote conscient fonctionne d'autant mieux que les tâches sont traitées une par une dans l'espace de travail.

Le traitement simultané de deux tâches nécessitant la participation des mêmes régions du cerveau est impossible. Par exemple, écouter deux conversations à la fois ou regarder la route et visualiser l'environnement de notre interlocuteur au téléphone. De même, si les tâches à traiter sont trop étendues ou nécessitent un volume de données très important, elles dépasseront les capacités de la mémoire de travail et disparaîtront du champ de la conscience (voir figure 4.4).

Figure 4.4 – Pilote conscient en perte d'efficacité

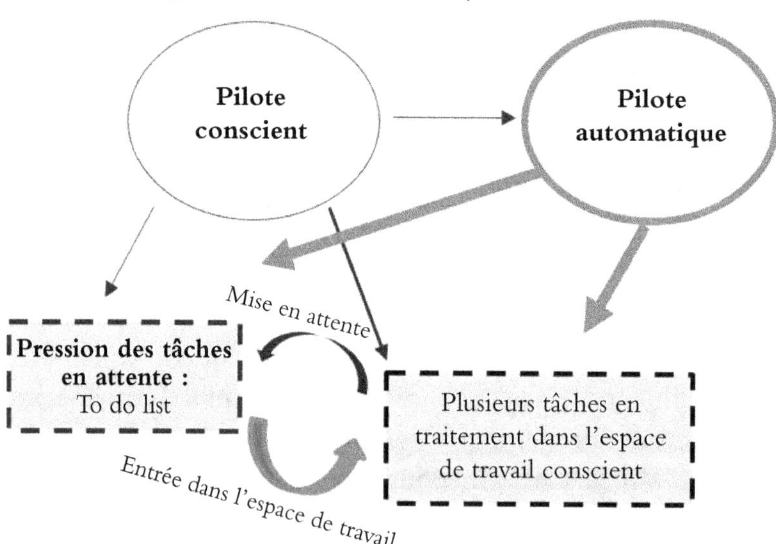

Surcharge mentale : accumulation de tâches en attente et envahissement de l'espace de travail, prise de contrôle du pilote automatique qui commence à traiter des tâches en parallèle avec les consignes habituelles.

Débordement

Plus les tâches s'accumulent dans l'espace de travail, plus le pilote conscient a de difficultés à les hiérarchiser en fonction des enjeux et à en organiser le traitement séquentiel. Dès que les capacités du pilote conscient sont dépassées, le pilote automatique reprend le contrôle du traitement des tâches selon les modalités qui lui sont propres : il travaille plus vite, en faisant plus de choses à la fois. Les tâches sont traitées en parallèle avec des capacités intellectuelles plus limitées. Surtout, c'est leur poids émotionnel à court terme qui détermine la priorité de traitement.

Chez Quentin, le SMS de Sylvie est le moment où la bascule s'opère. Les préoccupations apparaissent en cascade et s'accumulent. Quentin essaie de traiter plusieurs tâches en même temps : sa note, sa réunion d'équipe, les SMS des retardataires, le clash avec Sylvie, ses mails pendant sa réunion d'équipe. Dès lors, il se trouve en situation de surcharge mentale. Le pilote conscient ne peut plus jouer son rôle de stratège (choisir les actions dans le présent en fonction des enjeux les plus forts à moyen terme). Le pilote automatique reprend le contrôle. Le degré de liberté psychique de Quentin diminue et l'enchaînement de ses actions perd en efficacité sans qu'il le perçoive. Les premières erreurs et des dysfonctionnements vont apparaître.

 **Séquence 2 : Quentin a le cerveau en surchauffe**

10 h 30 – *Quentin est seul dans son bureau, à ressasser les problèmes qu'il a rencontrés avec Sylvie. Il est un peu contrarié, ne voit pas de solutions, mais ne peut pas s'empêcher d'y penser. Il n'est pas satisfait de son début de matinée. Avec un peu de recul, il se rend compte qu'il n'a pas été au bout des objectifs de sa réunion. Il reste sur un sentiment d'inachevé. Il sent très bien qu'il va devoir reprendre le sujet et qu'il reste encore beaucoup de travail. Il doit atteindre plusieurs objectifs divergents : réussir à respecter les nouvelles contraintes budgétaires, maintenir un bon niveau de motivation et de dynamique collective dans son équipe, assurer la satisfaction de ses clients internes et surtout préserver le sens global.*

Machinalement, il regarde dans sa boîte de réception : de nouvelles demandes auxquelles il peut répondre immédiatement et quelques mails plus compliqués pour lesquels il doit consulter des membres de son équipe. Cet après-midi, il y a une réunion avec les partenaires sociaux et beaucoup de questions à aborder : révision du document unique (DU) concernant les risques psychosociaux, action de développement du bien-être au travail, analyse de la hausse des arrêts de travail, épidémie de burn-out, baisse de l'engagement… Ces sujets préoccupent Quentin depuis plusieurs mois. Dans quel ordre les aborder ? Quelle est leur gravité et quels sont les risques ? Où sont les urgences ? Que faire ? Chacun a ses convictions. Les visions sur les causes et les solutions sont très éloignées. Comment faire la part des choses et agir concrètement ?

Dans 20 minutes débute le comité de pilotage du projet de refonte du système d'information des RH (SIRH). Quentin vient de se rappeler qu'il ne doit pas oublier d'appeler le garage pour faire accélérer la réparation de la voiture de sa femme. Elle en aura besoin ce week-end. Il y a aussi le speech pour le pot de départ de Franck demain qu'il n'a pas encore rédigé. Il faut qu'il rappelle Leila avant 18 heures ; une nouvelle contrainte pèse sur le budget de l'organisation du séminaire secrétariat général. Leila a besoin qu'il prenne une décision.

Marc, un des responsables de la communication, veut le voir pour lui parler d'un projet d'Elsa dans lequel il est très investi et surtout qui fait partie des priorités de son propre boss. C'est un des projets qu'Elsa a choisi de couper pour tenir les objectifs budgétaires de réduction de coûts. Quentin a un coup de chaud. Il avait oublié ce détail lors de la présentation d'Elsa… Le patron de la communication, n + 1 de Marc, est comme lui dans l'équipe de Sylvie, la secrétaire générale de l'entreprise. Il va falloir rattraper ce loupé ; encore un peu plus de travail en perspective. Immédiatement, il appelle Elsa pour corriger l'erreur. En guise de réponse, elle lui envoie un SMS lui disant qu'elle est en réunion téléphonique avec son prestataire digital. Quentin se sent mal, il ne va pas tarder à être submergé. Par SMS, il propose à Marc d'aborder le problème au déjeuner.

Les signes de surcharge mentale chez Quentin se traduisent assez vite par une difficulté à résister aux sollicitations. Sa volonté s'émousse. Les digues de l'organisation bien planifiée cèdent. De plus en plus de préoccupations de nature et d'importance très différentes affluent. Elles lui semblent toutes urgentes et importantes. L'hyperactivité s'installe, accompagnée d'un état de tension. Son temps de réaction baisse et il agit prioritairement sur le flux. Il bascule dans un mode de fonctionnement multitâche. Quentin saute du coq à l'âne, il passe de plus en plus vite d'un objectif à l'autre. Dans le même temps, son attention se disperse, les premiers oublis surgissent et les priorités s'évanouissent ou plutôt elles ne sont plus qu'émotionnelles.

Dans ces moments de surcharge, nous devenons à la fois plus suggestibles et plus disponibles, mais sans véritable capacité d'écoute. Sur le plan émotionnel, cet état peut se manifester par de l'impatience ou de l'excitation, de l'inquiétude ou de l'euphorie, voire de l'agacement ou de la culpabilité.

Sur le plan physiologique, ces signes de surcharge sont le reflet d'une montée en énergie trop forte dans les différents réseaux neuronaux qui coopèrent pour assurer le pilotage conscient. Ces différentes zones du cerveau impliquées dans le traitement de la charge mentale mobilisent de plus en plus d'énergie face à son accroissement. Jusqu'au moment où le trop-plein d'énergie mobilisée dans le pilote conscient crée une surchauffe. Les possibilités d'agir en toute conscience se dissipent. Le pilote automatique prend le relais au fur et à mesure que le pilote conscient décline.

Plus tard dans la journée, d'autres symptômes pourront apparaître. Ils surgissent après plusieurs passages de débordement énergétique dans les systèmes neuronaux du pilote conscient. Ces trous énergétiques témoignent plus d'un manque de récupération et de préparation que d'un épuisement définitif. La surcharge peut donc aussi aboutir à une baisse d'énergie disponible.

Les signes momentanés sont facilement observables : répétition de la même tâche sans aller au bout du processus (typiquement, la multiplication des cigarettes à demi-fumées ou la lecture hachée d'un document), l'indécision, une lenteur à démarrer une tâche, le passage rapide d'un sujet à un autre sans avancer sur aucun, baisse des capacités de concentration. Tout cela nécessite bien sûr d'agir pour retrouver un confort physique et mental.

Reprendre le contrôle de la charge mentale

Quentin a besoin de reprendre le contrôle de lui-même. Il lui faut prendre l'habitude d'observer ces symptômes et de prêter plus d'attention à ses émotions et à ses comportements. Il utilisera ensuite ces signaux pour prendre du recul par rapport à sa charge mentale.

La prise de recul est un exercice d'observation de la charge mentale : quelles sont ces préoccupations qui l'assaillent ? Pour le savoir, Quentin va déplacer son attention de l'environnement externe vers son environnement interne. C'est en observant son propre espace mental qu'il reprendra conscience et contrôle de lui-même.

Observer sa charge mentale

Ce type d'observation est plein d'enseignements. Il révèle la conjonction d'idées, de projets en cours ou à venir, d'analyses et de calculs, d'hypothèses et d'objectifs, de listes de tâches personnelles et professionnelles ; elle met en évidence des retours vers le passé avec des situations satisfaisantes dont on a la nostalgie ou de situations insatisfaisantes et inachevées qui vont faire leur retour dans un futur proche, mais aussi des problèmes complexes dont on n'a pas commencé l'organisation de la résolution.

Pour Quentin, il est urgent de lister et de trier par catégorie tout ce qui constitue sa charge. Puis de remettre de l'ordre dans le traitement des tâches. Ce n'est qu'à cette condition qu'il va pouvoir revenir à un fonctionnement plus efficace : une tâche à la fois, au bon moment, avec toutes ses capacités mentales et le niveau d'énergie suffisant, mais sans débordement.

Sans ce tri et cette réorganisation, les préoccupations en attente s'accumulent. Elles font de plus en plus pression pour entrer dans l'espace de travail. Plus elles sont chargées émotionnellement (plaisir aussi bien qu'inquiétude), plus elles risquent de faire effraction. Plus leurs enjeux sont forts, plus l'organisation de leur traitement devient floue, plus elles semblent incontrôlables et plus elles créent de la charge émotionnelle. Plus elles concernent des échéances à court terme et plus elles ont de force pour entrer dans l'espace de travail.

Programmer et traiter les tâches élémentaires

Si Quentin prend le temps du recul, il peut assez facilement observer et lister un premier type de tâches en attente. Des tâches faciles à traiter et qu'il n'a aucun intérêt à stocker, sauf à prendre le risque d'alourdir sa charge mentale : organiser une réunion de travail pour préparer les people reviews, préparer le speech pour le départ de Franck, lire la note de Samir avant le prochain comité RH, prendre rendez-vous pour rencontrer le professeur de maths de sa fille, prendre rendez-vous pour le contrôle technique de la voiture…

Ces tâches ont toutes pour caractéristique d'être élémentaires et faciles à exécuter dès qu'elles seront programmées au bon moment dans son agenda. En effet, quelle utilité pour Quentin d'y penser alors qu'il ne peut pas les régler tant qu'il est absorbé par la préparation de son comité de pilotage et de vraies urgences ? D'autant qu'à force, il risque d'ajouter de la charge émotionnelle en ayant peur d'oublier d'y penser… Autant programmer un moment dans son agenda pour planifier cette liste de tâches simples et facilement contrôlables. À 12 h 30, après le comité de pilotage, ce serait parfait.

Mettre les dossiers complexes en mode projet

Quentin observe également que plusieurs dossiers complexes entrent dans ses préoccupations régulières : la refonte du SIRH ; le nouveau référentiel d'identification des talents et l'actualisation du modèle de leadership par rapport à l'évolution des enjeux stratégiques ; la nouvelle organisation des *people reviews* et la préparation des managers à la restitution aux membres de leurs équipes ; sans oublier la création d'un groupe paritaire pour observer les risques psychosociaux et promouvoir la qualité de vie au travail, ni de boucler rapidement sa proposition de révision budgétaire.

Concernant le dossier SIRH, tout est sous contrôle, bien organisé, bien planifié, bien suivi, il n'a aucun souci. C'est plutôt par plaisir qu'il s'en préoccupe. Quant aux autres, s'ils pouvaient en être au même stade d'organisation, ce serait le rêve, presque les vacances ! En réalité, ceux-là sont beaucoup plus préoccupants. Quentin prend conscience qu'il y pense régulièrement. Comme les deadlines se rapprochent très vite, il commence même à ressentir de l'inquiétude.

Ces dossiers complexes, ouverts en permanence quel que soit le contexte, professionnel ou personnel, lui pèsent. Dans ces situations où il doit être à la fois très attentif à ses interlocuteurs et parfaitement disponible pour faire avancer la réflexion, il se sent perturbé. Il n'a pas son aisance intellectuelle habituelle. Son attention est dispersée et ses émotions instables.

Quentin cherche en effet à traiter des dossiers complexes de tête, comme de simples opérations de calcul mental. Aborder des sujets complexes de manière globale, au milieu d'autres activités, c'est se créer une charge mentale chronique. Au fil du temps s'installe l'impression que la solution est hors de portée. Le dossier est dramatisé, on ajoute de la charge émotionnelle à la charge mentale. Si Quentin pouvait organiser le traitement de ces dossiers sur le modèle du premier, le dossier SIRH, il ferait un grand pas vers une meilleure gestion de sa charge mentale. Il lui suffirait d'appliquer les principes de base de la gestion de projet : planifier un moment pour organiser l'analyse du dossier et définir les premières étapes de travail.

Il pourrait également réfléchir aux acteurs dont il a besoin pour partager la réflexion et la charge de travail dans ces premières étapes. Dès que l'on transforme ce qui est complexe en étapes plus simples, dès qu'on planifie les étapes, plus besoin de se soucier des dossiers complexes. La charge mentale et la charge émotionnelle baissent.

Pour retrouver notre liberté psychique, il faut pouvoir trier et planifier le traitement des tâches complexes pour les rendre simples, contrôlables et moins chargées émotionnellement. Si elles reviennent dans notre espace conscient, il ne sera plus nécessaire d'y prêter attention ni de se les remémorer régulièrement par peur de les oublier.

Remettre le passé à sa place… au passé

La charge mentale, on l'a vu, c'est le fonctionnement en parallèle de notre cerveau avec ses arborisations, l'accumulation de tâches simples et de dossiers complexes aux échéances futures. Mais c'est aussi le poids du passé : des interactions relationnelles insatisfaisantes ou inachevées qui se rejouent dans notre espace mental.

Quentin rumine plusieurs situations en ce milieu de matinée : les échanges avec Sylvie qui se sont envenimés et où Sylvie a fini par lui raccrocher au nez ; ses managers incapables d'arriver à l'heure pour une réunion clé sur un dossier prioritaire ; sa mauvaise réaction vis-à-vis d'Elsa en réunion (et les conséquences en cascade qui restent à gérer). Quentin a un début de tempête sous le crâne. Il est loin ce début de matinée où ses idées glissaient sans résistance comme un skiff sur la surface parfaitement lisse d'un plan d'eau au repos. Ses préoccupations s'entrechoquent, le plan d'eau est démonté. Les questions reviennent en rafale accentuant le désordre : quelle est ma responsabilité ? Qu'aurais-je pu faire pour l'éviter ? Est-ce vraiment normal ? Que faire pour éviter que ça recommence ?

Dans un premier temps, ces questionnements sont très utiles. Ils permettent de progresser dans les relations, de corriger des maladresses, d'anticiper efficacement le futur. On requestionne le passé pour mieux contrôler le futur et se rassurer. Mais jusqu'à quel point, nos réactions et celles des autres sont-elles vraiment contrôlables ? Jusqu'où se questionner ?

Quentin se rend compte qu'il est inutile de se reposer ces questions, mais elles reviennent en boucle. Il ne peut pas s'en empêcher.

Ses réflexions deviennent ruminations inutiles et envahissantes. Sans le percevoir, il dépense beaucoup d'énergie et de ressources mentales pour tenter de contrôler l'incontrôlable. Le pire, c'est encore lorsqu'il essaie d'éviter d'y penser. Ses ruminations n'en deviennent que plus envahissantes.

Le mieux pour Quentin est d'admettre le caractère incontrôlable de ses ruminations, l'inutilité de les poursuivre. Puis, y mettre un terme en se centrant sur un objectif plus utile : son comité de pilotage qui débute dans 10 minutes. Si le questionnement recommence, il lui faudra l'accepter sans chercher de réponse, puis s'en distancier et se reconcentrer sur ce qui est le plus important dans la situation où il se trouve. Les questions pourront revenir à la charge, mais en appliquant les mêmes principes, elles perdront progressivement de leur force jusqu'à ce que Quentin finisse par oublier d'y penser.

▶ Séquence 3 : Quentin vit une expérience optimale

Quentin sort marcher 5 minutes avant le comité de pilotage, histoire de prendre l'air. Il a besoin de retrouver son calme avant de se repasser mentalement les tenants et les aboutissants du projet de refonte du SIRH.

11 h 00 – *La salle de réunion est encore occupée par une équipe de commerciaux. La réunion SIRH va débuter en retard. Quentin en profite pour prendre des nouvelles de Déborah, la directrice de projet du prestataire qui réalise la mission de refonte. Il y a plus de dix ans, Quentin, jeune ingénieur Télécom, dirigeait des équipes techniques dans une SSII pour de grands comptes en Europe. Il avait recruté Déborah pour le remplacer avant de prendre la direction d'une filiale de son entreprise actuelle.*

La réunion commence effectivement avec un quart d'heure de retard, Quentin ressent un peu d'impatience, il cadre rapidement l'ordre du jour et passe la parole à Déborah pour traiter en premier point le suivi budgétaire du projet. Déborah propose une réorganisation du déploiement des nouvelles fonctionnalités pour baisser les coûts de 4 %. Quentin se détend, c'est une bonne base de départ. Seule contrariété, il a oublié son smartphone quand il a reposé sa veste dans son bureau. La proposition est challengée par son équipe sur la base de modalités un peu différentes de déploiement. Malgré quelques digressions très techniques d'Erwann, recadré en souplesse par Quentin, et une dramatisation des impacts sur le planning de déploiement, les participants se mettent d'accord sur une nouvelle trajectoire budgétaire en baisse de 4, 6 %, sans impact sur les délais de mise en œuvre. Quentin est satisfait : son équipe maîtrise bien tous les aspects du dossier et l'équipe de Déborah est vraiment constructive.

Arrive le dernier point de l'ordre du jour. Le plan d'action est validé, après prise en compte des nouvelles contraintes du prélèvement à la source pour la mise en œuvre. Quentin remercie les participants pour leur contribution ; la réunion du comité de pilotage se termine avec 5 minutes d'avance. Un rêve !

Quentin vient de vivre ce que l'on appelle une expérience optimale (voir encadré 4.1), comme en début de matinée quand il rédigeait sa note, seul dans son bureau et parfaitement concentré. Il a agi en pleine conscience. Sa lucidité retrouvée, tout lui a semblé facile, évident, clair. Il a savouré.

Il a fonctionné en mode expert, interagissant efficacement, s'arrêtant sur un détail quand il le fallait, traitant chaque objection avec justesse et professionnalisme. Il a mené sa réunion comme on conduit sa voiture : en exécutant automatiquement, rapidement et simultanément les meilleures procédures forgées au fil des heures de réunion et de pilotage de projets informatiques. Il connaissait bien les acteurs, savait où il allait. Son pilote automatique fonctionnait à plein régime sous la supervision du pilote conscient. Celui-ci a laissé faire tant que l'exécution était parfaite. Il s'est contenté de corriger en douceur quand il a constaté un début d'écart avec la trajectoire prévue. Quentin avait retrouvé sa liberté psychique.

Encadré 4.1 – L'expérience optimale

Pour le psychologue Mihaly Csikszentmihalyi[51], le bonheur se définit par « l'expérience optimale ». Il a décrit les points communs des meilleures expériences éprouvées par de nombreux artistes, sportifs et autres personnes très engagées dans leurs activités. Ces expériences optimales se caractérisent par les éléments suivants :

- équilibre entre défi et habilité ;
- concentration sur la tâche ;
- cible claire ;
- rétroaction, feed-back clair et précis ;
- absence de distraction ;
- contrôle de l'action ;
- absence de préoccupation à propos du soi – dilatation de l'ego (paradoxalement, le sens de soi s'en trouve renforcé) ;
- altération de la perception du temps ;
- expérience autotélique (bien-être).

SAVOIR SE PRÉPARER ET RÉCUPÉRER

Comment a-t-il pu vivre un moment aussi efficace et satisfaisant (expérience de bien-être ou autotélique) au cours de cette réunion, compte tenu de l'avalanche de préoccupations qui s'étaient accumulées dans son espace mental jusqu'en milieu de matinée ?

La fascination pour les sportifs de haut niveau

Les entreprises invitent très souvent des sportifs de haut niveau pour comprendre les ingrédients des expériences optimales. Ce sont les instants où l'activité sportive s'est accomplie de la manière la plus remarquable malgré un environnement perturbé, malgré aussi parfois une accumulation de préoccupations sportives et extrasportives. Le récit de ces expériences qui conjuguent performance et bien-être, perfection et facilité, fascinent le monde

---

51. Mihaly Csikszentmihalyi, *Vivre : la psychologie du bonheur*, Pocket, Robert Laffont, 2006.

de l'entreprise et rencontrent toujours beaucoup de succès. Le récit de la performance capte toute l'attention et suscite de nombreuses questions. Deux questions, cependant, sont très rarement abordées : celle de la préparation et celle encore plus cruciale de la récupération.

Les sportifs, au contraire des managers, consacrent beaucoup de temps à leur préparation et à leur récupération. La préparation englobe la préparation physique, à des conditions extrêmes, les tests techniques et l'entraînement sportif proprement dit. La récupération, tout aussi sophistiquée, conjugue de plus en plus de pratiques issues de domaines différents : diététique, sommeil, cryothérapie, relaxation, kinésithérapie, ostéopathie…

Mais de nombreux indices indiquent qu'à entraînement, capacités physiques et techniques égales, c'est le mental qui fait la différence. Celui dont on parle ici, c'est le pilote conscient (voir encadré 4.2).

Encadré 4.2 – Le rôle du pilote conscient dans l'expérience optimale

Selon la définition de l'expérience optimale de Mihaly Csikszentmihalyi, le pilote conscient doit être :

- clair sur les enjeux des objectifs qu'il poursuit (le sens de l'objectif à atteindre) ;
- correctement motivé (équilibre entre défi et habileté) ;
- concentré sur la tâche à accomplir ;
- attentif à des cibles précises (cible claire) ;
- allégé de toutes préoccupations personnelles (absence de préoccupation de soi – dilatation de l'ego).

Et capable :

- d'observer et de réguler les écarts d'attention pour éviter toute distraction durable (absence de distraction et rétroaction) ;
- de réguler l'activité motrice quand il détecte des écarts (feed-back clair et précis, contrôle de l'action) ;
- sans être sous la pression du temps (altération de la perception du temps).

Sans l'expertise du pilote automatique, il n'y a pas d'expérience optimale possible. Sans la supervision du pilote conscient pour définir le cap et réguler la trajectoire, il sera difficile pour le pilote automatique de réussir l'expérience optimale. L'expertise et l'expérience accumulée par le pilote automatique fonctionnent à plein, tant qu'elles sont correctement supervisées par le pilote conscient. La préparation mentale donne des leviers supplémentaires pour préserver l'équilibre optimum entre pilote conscient et pilote automatique.

L'équilibre optimum, un cycle en cinq étapes

Le développement et la préservation de cet équilibre optimum suivent un cycle de cinq étapes spécifiques avant, pendant et après la réalisation de la performance : préparation, concentration, attention à l'attention, réduction de la charge mentale en fin d'activité, récupération. Transposée *a minima* dans le monde de l'entreprise, la recherche d'expériences optimales requiert le respect d'un cycle similaire pour préserver l'équilibre psychique (voir figure 4.5).

1 – La préparation avant une situation clé n'est généralement pas inscrite à l'agenda. D'ailleurs, comment se préparer puisque, dans un agenda, les activités se juxtaposent sans temps prévu pour se déplacer d'un rendez-vous à une réunion ni pour répondre aux SMS ou aux mails ? Se préparer, c'est donc d'abord prendre du temps. Prendre le temps, avant une réunion à enjeux par exemple, de définir les points à aborder. Puis clarifier les objectifs à atteindre, les décisions à prendre pour chaque point. Pour chaque décision à prendre, avoir en tête les analyses et argumentaires qui sous-tendent chaque décision possible, ainsi que leurs impacts potentiels et les conduites à tenir pour, etc. Ce processus fait partie des routines professionnelles de préparation d'une réunion. Tout ce qui participe des routines est simple et s'enclenche automatiquement si un temps de préparation a été prévu pour…

Figure 4.5 – Le cycle de la performance

Se préparer :
• Ouvrir le dossier, définir un objectif, préciser sa stratégie
• Prendre le temps d'identifier les cibles sur lesquelles il va falloir se concentrer

Se concentrer :
• Focaliser l'attention sur la bonne cible, avancer par étapes

Rester concentré :
• Prêter attention aux déplacements de l'attention pour la ramener sur la cible
• Se préserver des sources d'interruptions

Fin de l'activité :
• Refermer le dossier : synthèse, conclusion, définition de l'étape suivante, planification
• Baisse de la charge mentale

Récupérer :
• Faire une pause pour se réorganiser face au flux (identifier, trier et planifier le traitement des préoccupations)
• Utiliser des méthodes de récupération pour ramener l'activité mentale à un niveau d'énergie plus faible

Se préparer...

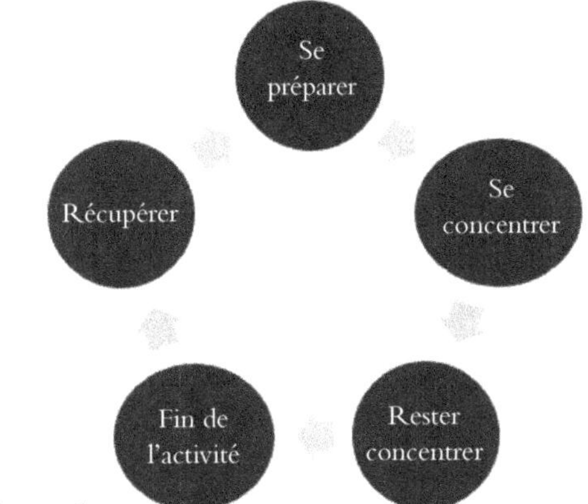

De même, l'animation de la réunion peut faire l'objet d'un court temps de préparation : comment cadrer la réunion ? Comment faciliter, modérer, challenger les participants en fonction des objectifs à atteindre ? Sur qui s'appuyer ? Comment s'assurer de… ? Là aussi, rien de nouveau : ce sont des techniques habituelles, faciles à mettre en œuvre, si on a eu le temps de se remettre en tête les principes de base. Bref, il suffit de penser à le faire.

2 – Se concentrer en début de réunion est relativement facile. C'est un exercice de préparation mentale. Il s'agit d'abord de se remettre en tête les tenants et les aboutissants du dossier et de visualiser les cibles d'attention prédéfinies. Ensuite, cela consiste à orienter et à focaliser son attention sur la cible prédéfinie pour atteindre l'objectif.

Faute de cible précise, l'attention balaie l'environnement externe ou interne et choisit sa cible selon ses habitudes. Chaque cible sans rapport avec la réunion peut créer de la charge mentale supplémentaire, jusqu'au moment où cette charge dépassant les capacités du pilote conscient, le pilote automatique fidèle à la tâche déclenche une réaction stéréotypée (par exemple quand Quentin oublie de se concentrer sur les propositions de coupes budgétaires d'Elsa et lui coupe la parole). Inversement, avoir une cible attentionnelle précise dans la réunion limite la charge mentale et favorise l'action du pilote conscient. Chaque fois que l'on aura besoin de se reconcentrer, il sera facile de retrouver les tenants et les aboutissants et de ramener l'attention sur la bonne cible.

La préparation mentale, c'est aussi l'apprentissage de *soft skills* permettant d'entraîner et de préserver nos capacités d'observation (voir encadré 4.3). Il est facile de se les approprier lors d'ateliers pratiques proposant des expériences de méditation en pleine conscience. Elles se transposent ensuite aisément dans les différentes activités, si on prend le temps de penser à le faire. Quant à savoir si l'efficacité de la pleine conscience dépend de la quantité de pratique, Jon Kabat-Zinn, un des pionniers de cette transposition, interrogé par *Le Quotidien du médecin* en avril 2015, estimait que toute la vie peut devenir méditation : « Cette interview : est-ce ou non une méditation ? Si on est tous les deux en train de s'écouter mutuellement, c'est de la méditation. » Répondre à des questions dans une interview, écouter activement son interlocuteur, lire en pleine conscience, respirer ou marcher en pleine conscience, tous les moments de la journée sont propices aux expériences de méditation en pleine conscience. Elles introduisent un autre type de relation aux activités professionnelles, aux autres et à soi. Au travail, les occasions ne manquent pas non plus pour la pratiquer. Il s'agit d'apprendre à quoi l'on veut être attentif, plutôt que de subir passivement le flux de l'environnement ou celui de pensées de notre environnement interne.

3 – *Comment rester concentré* dans une réunion ? Notre attention est facilement attirée par ce qui nous inquiète (nos préoccupations ou des dangers réels) ou par des opportunités de plaisir (nourriture, jeux, pensées agréables, moment de détente, récompenses). Nos distractions sont donc potentiellement nombreuses. Jean-Philippe Lachaux[52] compare l'équilibre attentionnel à celui

---

52. Jean-Philippe Lachaux, *Le Cerveau funambule*, Odile Jacob, 2015.

de la gymnaste qui parcourt sa poutre. Pour éviter la chute, rien de tel que de détecter les petits déséquilibres et de les corriger en douceur. Détecter les déplacements de notre attention à chaque distraction, puis la ramener sur notre cible augmente considérablement la qualité de notre concentration.

L'entraînement à l'observation des déplacements de l'attention et à sa réorientation sur une cible s'expérimente facilement dans des ateliers pratiques (voir encadré 4.3). La répétition de ces expériences de régulation de l'attention améliore la concentration sur les bons objectifs, limite la charge mentale et favorise les expériences optimales. Dans les journées de Quentin, les occasions de s'entraîner ne manquent pas. C'est simple, mais il ne faut pas oublier d'y penser.

Encadré 4.3 - Deux expériences pour reprendre conscience[53]

1 – L'attention focalisée sur la respiration

L'expérience consiste à observer une des manifestations physiques provoquées par la respiration : les mouvements au niveau de la poitrine, du ventre, du dos, des épaules ; le bruit quand l'air entre ou sort de la bouche ou du nez ; la tension qui augmente dans le ventre ou la poitrine quand l'air gonfle les poumons ; le relâchement dans le ventre ou la poitrine quand les poumons se dégonflent.

Asseyez-vous confortablement : les pieds à plat sur le sol, les jambes légèrement écartées et les mains posées à plat sur les cuisses. Prenez 2 ou 3 minutes pour observer et ressentir les manifestations de votre respiration. Observez-les et ressentez-les. Fermez les yeux.

Dans cette expérience, vous allez observer sans agir. Le pilote automatique habitué à agir va expérimenter une autre habitude : observer sans agir sur ce que l'on observe ; observer sans juger si ce que l'on observe est bien ou non. Reprendre conscience, c'est abandonner quelques minutes l'habitude de faire mieux, plus et plus vite. Reprendre conscience pour agir en pleine conscience, c'est accepter quelques minutes de faire moins et moins vite.

---

53. À ceux qui rechercheraient une vision exhaustive des expériences de méditation en pleine conscience et un premier accompagnement, nous recommandons la lecture de *Méditer jour après jour*, L'Iconoclaste, 2011, l'ouvrage à succès de Christophe André.

> 2 – L'observation des déplacements de l'attention
> Dans les expériences de focalisation de l'attention sur la respiration, on observe de plus en plus d'événements dans l'ensemble de notre corps (battements cardiaques, tension musculaire, pensées, etc.) et dans notre environnement externe (bruits).
> Asseyez-vous confortablement : les pieds à plat sur le sol, les jambes légèrement écartées et les mains posées à plat sur les cuisses. Prenez 2 ou 3 minutes pour observer et ressentir les manifestations de votre respiration. Si votre attention se déplace sur une autre perception, prenez le temps de l'observer, puis ramenez doucement votre attention sur les manifestations respiratoires.
> Fermez les yeux.
> En répétant régulièrement cette expérience, vous prendrez plus facilement conscience des déplacements de votre attention dans votre environnement interne et vers l'environnement externe. Votre observation des manifestations respiratoires sera facilitée. Vous reprenez conscience de votre attention.

4 – *Débriefer l'activité*. Dans la continuité de leur performance et avant de passer à la récupération, les sportifs de haut niveau consacrent un temps bien organisé à l'analyse des différents aspects de leur performance. Ce débriefing à chaud est primordial pour mettre en perspective les enseignements à en tirer (réussites et points d'amélioration). La prise de recul abaisse la charge mentale et limite d'éventuelles ruminations. Ce processus leur permet de refermer l'épisode et de passer à autre chose, idéalement à la récupération.

Prendre le temps de refermer les dossiers après une réunion permet, comme aux sportifs, de réduire la charge mentale. Refermer les dossiers, cela veut dire procéder à des synthèses, mettre en perspective les projets, définir et planifier les étapes suivantes pour ne plus avoir à y penser. Cette première prise de recul pour s'organiser permet aussi de tirer profit des satisfactions, de mettre à distance les sujets préoccupants de la réunion (puisque la suite de leur traitement est bien organisée) et donc de baisser la charge mentale. Cela facilite le passage à un moment de récupération, avant de se préparer pour la séquence de travail suivante.

5 – *La récupération*. Les sportifs de haut niveau respectent méthodiquement toutes les étapes du processus de récupération. Cette phase est la clé essentielle pour répéter des performances physiques de haut niveau et prévenir les blessures. Comme la répétition d'efforts physiques intenses, la répétition de séquences de travail intense sur le plan intellectuel nécessite des temps de récupération. Ces moments de retour au calme font ralentir l'activité cérébrale et ramènent l'énergie au bon niveau pour un fonctionnement optimum du pilote conscient. Ils sont essentiels à la préservation de la liberté psychique.

Comment organiser la maintenance cérébrale dans les entreprises ?

Quand il s'agit des outils de production, le processus est très sophistiqué : maintenance primaire, maintenance secondaire, maintenance tertiaire, ingénierie décentralisée… Pour ce qui est de l'humain, le processus est beaucoup plus flou. À chacun de faire preuve d'initiative et de bon sens. Pour récupérer quelques minutes, des exercices simples de déconnexion ou de respiration inspirés du yoga, de la relaxation ou de la sophrologie sont très efficaces. Mieux, des expériences brèves de méditation en pleine conscience permettent au fil du temps de préserver équilibre attentionnel et émotionnel. Pour d'autres comme Quentin, sortir, faire quelques pas et respirer à l'extérieur procure un temps précieux de récupération, aussi bien sur le plan physique que mental. C'est simple, il suffit de penser à le faire.

SAVOIR RENONCER

C'est simple, mais dans un environnement VUCA, il est difficile de mettre en place durablement une organisation personnelle prévenant toute charge mentale excessive. Compliqué également de respecter le cycle de la performance séquence de travail par séquence de travail. Il y a toujours plus de choses à faire que de capacités pour les faire, et pas de baguette magique pour réussir à tout faire. Après avoir hiérarchisé, priorisé, délégué, réduit sa charge mentale, amélioré sa préparation mentale et sa récupération, le manager devrait avoir la sagesse de renoncer à tout faire. Et de l'annoncer à son entourage.

▶ Séquence 4 : Quentin pratique la déambulation mentale

12 h 30 – *Quentin n'a pas de baguette magique. Il n'a pas non plus le temps de savourer les satisfactions du comité de pilotage. Ses préoccupations ressurgissent :* « les people reviews », « *le speech pour Franck* », « *téléphoner à Isabelle* »… *Il ressent un moment de lassitude. Il ouvre son Outlook pour s'organiser : trente mails sont tombés pendant le comité. Il ne résiste pas à l'habitude de les parcourir. L'Anvie organise un atelier performance cognitive, bien-être et efficacité au travail. Cela pourrait être utile d'y assister pour avancer sur le dossier qualité de vie au travail. Mais où trouver le temps ? Il transfère l'invitation à Samir. Mails suivants : direction générale des finances, plus loin, une alerte Flying blue (promotion pour les vacances)…*

12 h 45 ! *Dans un quart d'heure, il a rendez-vous avec Marc pour déjeuner. Sourire. Ils vont parler des enfants. Le week-end prochain, c'est l'anniversaire de Lucie, sa fille. Elle sera chez sa mère. Au fait, aujourd'hui c'est la Sainte-Simone, sa mère. Ne pas oublier de l'appeler. Dans deux semaines, c'est son anniversaire. Samedi après son jogging, il passera à la librairie lui prendre des livres, avant que Imhrane, sa femme, ne parte au yoga. Ne pas oublier de s'en occuper le matin ; l'après-midi, ils feront ce qu'ils préfèrent, une grande promenade en forêt avec les enfants. La météo prévoit un beau ciel bleu et une température assez douce, près des étangs ce sera magnifique…*

12 h 55 - *Son alarme lui rappelle son déjeuner avec Marc. Quentin sort de sa déambulation mentale, il n'a toujours pas organisé le traitement des tâches qu'il va finir par oublier ! Il part à son déjeuner.*

Faute d'organiser le traitement de ses préoccupations, Quentin s'est perdu dans le traitement de ses mails, puis son attention a basculé vers une suite de pensées qui l'ont conduit au bord de l'étang. En l'absence d'objectif bien défini, le pilote automatique prend le relais. Ici, il conduit Quentin de l'environnement externe vers son environnement interne. Son attention est captée par ses pensées sans qu'il le perçoive. Il entre dans son environnement interne avec un flux permanent de pensées et d'émotions. Quentin oublie même la notion du temps. Sans l'alarme du déjeuner, il aurait pu rester encore quelques minutes à déambuler dans ses pensées.

La déambulation mentale se déclenche régulièrement ; elle nous coupe presque totalement de notre environnement externe et peut représenter une fraction de temps très importante de la vie mentale, jusqu'à près de la moitié de notre temps d'éveil (46,9 %), selon Matthew A. Killingsworth et Daniel T. Gilbert[54]. Pour ces chercheurs, le *mind wandering* est une source de désagrément et d'anxiété. Mais le pilote automatique de Quentin l'a amené vers un moment de plaisir. La déambulation mentale peut donc s'orienter aussi bien vers des rêveries agréables qui nous permettent de récupérer, que vers des ruminations pénibles et fatigantes. Nos déambulations mentales subissent l'influence du pilote automatique. Mais dès que nous le souhaitons, nous pouvons déambuler en toute liberté, comme Quentin qui décide de prendre 5 minutes pour marcher et respirer, puis prépare mentalement son comité SIRH.

Prendre conscience de nos déambulations permet de quitter le mode automatique pour revenir à ce qui nous semble le plus utile : reprendre la tâche en cours, prendre un temps de réflexion ou déclencher une rêverie volontaire si l'on a besoin de récupérer. Observer, prendre conscience est vraiment un comportement clé pour préserver nos capacités mentales et nous renforcer dans notre liberté psychique.

---

54. Matthew A. Killingsworth et Daniel T. Gilbert, *Science*, septembre 2010.

▶ Séquence 5 : Quentin subit l'attaque du digital

Quentin s'installe au restaurant pour son déjeuner. SMS de Marc qui aura un quart d'heure de retard. Quentin pourrait continuer à traiter ses mails, mais il est pris de lassitude. Il s'offre une petite récréation. Il zappe d'un site d'information à un autre : politique, économie, sport, vacances, week-ends en solde et autres promotions… Le temps passe vite. Marc l'interrompt dans son épisode de déambulation digitale. Il ne l'avait pas vu arriver.

Quentin n'est pas le seul à passer du temps en déambulations digitales. De plus en plus d'études alertent sur l'augmentation du temps consacré aux smartphones et tablettes. Les outils digitaux ont la capacité d'induire des effets semblables à ceux observés dans la consommation de substances addictives : besoin impérieux de consommer, perte de contrôle sur la quantité et le temps consacré à la substance, interférences négatives sur les activités scolaires ou professionnelles, poursuite de la consommation malgré la prise de conscience des troubles qu'elle engendre. Une étude[55] a même mis en évidence un lien entre l'intensité de l'usage simultané des smartphones, tablettes, ordinateurs et autres appareils et la diminution de la densité de matière grise dans le cerveau. Même si le sens de ce lien reste à préciser, cette observation mérite réflexion.

L'EMPRISE DES OUTILS NUMÉRIQUES SUR LE COMPORTEMENT

La psychologie scientifique nous apprend que tout comportement qui a pour effet de diminuer immédiatement une émotion désagréable deviendra un comportement conditionné par celle-ci. Par exemple, si chaque utilisation de mon smartphone dissipe rapidement et efficacement mon ennui, alors chaque situation où je ressens de l'ennui déclenchera automatiquement

---

55. Kep Kee Loh et Ryota Kanai, « Higher media multi-tasking activity is associated with smaller gray-matter density in the anterior cingulate cortex », PLOS One, septembre 2014.

l'usage du smartphone. Plus l'usage de l'appareil me soulage de mes émotions désagréables, plus la fréquence de l'usage risque d'augmenter. De même, tout comportement qui me crée une émotion positive à court terme (une récompense) deviendra rapidement un comportement automatique.

L'usage combiné des outils digitaux disponibles dans nos smart-phones est une source inépuisable de petits plaisirs, de curiosité et de soulagement de nos émotions désagréables. Le plaisir ou le soulagement est là, à portée de main immédiate. Un flux constant de nouveautés qui nourrit l'envie et la curiosité : les actualités, les réseaux sociaux, les conversations en ligne, les nouveaux pro-duits, les nouvelles technologies, les nouvelles promos… Ce flux, comme notre flux de mails, peut même créer la peur de louper quelque chose.

L'effet de conditionnement est puissant. Il commence par instil-ler de mauvaises habitudes de travail, puis peut prendre la forme d'une dépendance. Si, malgré la conscience de cette dépendance et de ces effets négatifs, nous n'arrivons pas à contenir le temps consacré à l'usage des outils digitaux, nous sommes victimes d'une véritable addiction. Les récompenses immédiates dispen-sées par l'outil numérique prennent alors le contrôle de nos com-portements.

L'industrie numérique connaît parfaitement les différents prin-cipes du conditionnement. Les outils digitaux ont donc pris un poids particulier. Ces outils sont capables de substituer aux déam-bulations mentales utiles pour notre équilibre, des déambulations digitales. Ils entrent dans notre espace mental et se créent la pos-sibilité de conditionner nos émotions, nos comportements et nos réflexions. L'outil digital parvient progressivement à augmenter son pouvoir d'influence sur notre pilote automatique aux dépens de notre pilote conscient.

PARADES ET ANTIDOTES

Pour préserver notre liberté psychique, nous avons besoin de nous organiser et d'apprendre à résister aux récompenses à court terme. Le psychologue Jean-Claude Dreher[56] a en effet souligné combien le temps d'exposition aux écrans, à des « environnements qui donnent tout, tout de suite », et une mémoire de travail dépassée et atrophiée par l'infobésité produisent des comportements impulsifs. On peut y résister, dit-il, en « entraînant notre mémoire de travail et face aux tentations, en apprenant à ne pas céder immédiatement ».

Nous devons également utiliser très régulièrement notre aptitude à remettre de la cohérence entre nos comportements dans les situations présentes et les enjeux que nous nous sommes fixés à moyen terme. C'est possible à deux conditions : d'une part, être organisé pour reprendre conscience régulièrement des enjeux et préparer des plans d'action précis pour les réussir ; d'autre part, utiliser pleinement nos capacités attentionnelles pour observer les écarts entre ce que nous sommes en train de faire et ce que nous avons à faire.

Réguler chaque écart, c'est remettre de la cohérence, retrouver notre efficacité par rapport à nos enjeux et préserver notre liberté psychique pour agir en pleine conscience.

 Séquence 6 : Quentin est saisi par le *multitasking*

14 heures – *Réunion avec les partenaires sociaux. Le secrétaire donne l'agenda : une heure de questions et réponses sur les conditions de travail. Puis de 15 heures à 17 h 30, deux intervenants extérieurs pour des retours d'expérience sur la constitution de groupes paritaires en vue de développer la prévention des risques psychosociaux et de promouvoir la qualité de vie au travail. Les présentations seront suivies d'une séance de travail pour définir les objectifs et les règles de fonctionnement de ce futur groupe paritaire.*

---

56. Jean-Claude Dreher, « Quand le cerveau ne sait plus attendre », *Cerveau & Psycho*, n° 61, 3 janvier 2014.

Deux membres de l'équipe de Quentin sont présents : Samir, le responsable des relations sociales et Laurent, son responsable de la prévention des risques. Ils sont responsables de la réunion. Quentin s'est installé confortablement. Il a sa tablette, son smartphone et sa montre connectée au poignet. Il est prêt pour assister à la réunion et soutenir Samir et Laurent quand ils en auront besoin. Il se concentre sur les échanges. Il s'ennuie. Il a déjà consulté deux fois sa boîte mail au cas où il aurait une demande urgente. Il sent toutes ses préoccupations revenir. Il est très peu sollicité par les participants dans cette réunion. Discrètement, il commence à traiter ses tâches en retard, ça le soulage. Il envoie aussi quelques mails en réponse à des questions simples. Pour l'instant, la réunion se passe bien même s'il y a de plus en plus de retard. Quentin est inquiet, il n'a pas eu de nouvelles de Sylvie. Il envoie quelques SMS. Il a appelé sa mère à la pause. Le temps passe vite. La deuxième présentation se termine.

Quentin règle différents problèmes en cascade tout en continuant à intervenir quand il le faut. Il se sent très efficace. S'il était rassuré concernant Sylvie, il se sentirait en total contrôle. Justement, il vient de recevoir la réponse d'un juriste de l'équipe de Samir pour une question urgente de Sylvie.

18 h 15 *– Quentin est satisfait de cette réunion qui se termine avec seulement 45 minutes de retard. Samir et Laurent ont fait du bon travail. Quant à lui, il a réussi à traiter une bonne partie de son flux de mails. Il est vraiment soulagé. Il a l'impression que la discussion à la suite des deux interventions a bien cadré la mise en place du groupe paritaire. Samir ne partage pas son enthousiasme. Pour lui, les objectifs restent flous… Il le lui a dit en aparté dans le couloir, et lui a suggéré aussi de revoir l'organisation des réunions de CHSCT (réduire leur durée à deux heures et demie, bannir les outils digitaux pendant les présentations et débats, faire trois pauses pour que chacun puisse traiter mails et SMS en attente ; limiter les plages de travail collectif à trois quarts d'heure maximum).*

18 h 25 *– De retour à son bureau, Quentin étudie le dossier préparé par le médecin du travail. C'est la troisième fois qu'il relit la page 2. Il a beaucoup de mal à se concentrer et ne sait pas précisément sur quoi le faire… Il pourrait utiliser les méthodes de lecture active, mais depuis la fin de la réunion il a d'autres préoccupations en tête.*

Flashback : dans la réunion du CHST Quentin agit beaucoup sous l'influence de ses émotions. Tour à tour, l'ennui, l'inquiétude, la curiosité, l'envie d'avoir une information orientent son regard vers ses différents écrans, plutôt que vers les protagonistes de la réunion. L'émotion l'oriente vers son smartphone ou sa tablette. Puis l'utilisation d'un de ses outils numériques transforme l'ennui en curiosité, puis en intérêt ; l'inquiétude en sentiment de contrôle, puis en plaisir. Ses émotions induisent des déambulations digitales. Il se crée malgré lui de la charge mentale. Au même moment, ses émotions se transforment positivement et il se sent plus efficace. Il est dans une fiction. Sa capacité de travail baisse en quantité et en qualité.

Souvent, peu après une réunion, le sentiment d'avoir été efficace diminue, même si persiste l'impression qu'on a réussi à faire beaucoup de choses à la fois. Le multitâche laisse une sensation désagréable : la fatigue d'une activité intense et prolongée, avec le sentiment de ne pas avoir avancé sur l'essentiel de son travail.

L'ILLUSION DE L'EFFICACITÉ MULTITÂCHE

Plusieurs études attestent la nocivité du multitasking. Les chercheurs Joshua Rubinstein, David Meyern et Jeffrey Evans ont démontré dès 2001 que le mode multitâche est une illusion addictive et totalement contre-productive, car il ne tient pas compte des limites du cerveau humain. En effet, il ne permet pas de réaliser plus de choses en moins de temps : chaque passage d'une activité à l'autre nécessite une période de transition pour s'adapter (changement de *taskset*), donc une consommation de temps supplémentaire à chaque changement ; et quand deux tâches similaires sont mélangées (divisions et multiplications dans leur expérience), le temps nécessaire à leur réalisation est de 50 % supérieur à celui qu'il faudrait pour réaliser les tâches l'une après l'autre.

De même, Eyal Ophir, Clifford Nass et Anthony D. Wagner[57] ont démontré que le cerveau est incapable de gérer efficacement plus

---

57. Proceedings of the National Academy of Sciences of the United States of America, 15 septembre 2009.

d'un flux d'informations à la fois et que les personnes multitâches sont distraites et inefficaces. Notre cerveau ne sait pas analyser et hiérarchiser automatiquement des informations complexes (textes et paroles mélangées) lorsque nous faisons plusieurs choses en même temps. Soit il essaie de le faire et le résultat est médiocre, soit il choisit un seul flux de données et nous crée l'illusion imparfaite de traiter toutes les informations. Au total, le multitasking crée une perte de temps, augmente le risque d'erreur et perturbe nos capacités de mémorisation. Ces recherches s'appliquent également aux cerveaux « féminins »…

RETROUVER SA LIBERTÉ

L'impression de Quentin est donc la bonne, il a été hyperactif, mais avec une efficacité globale moyenne dans cette réunion. Que lui a-t-il manqué pour être efficace ? Que s'est-il passé ? Rapidement, Quentin s'ennuie mais il ne traite pas correctement cette information émotionnelle. Il subit son émotion plutôt que de l'utiliser pour réfléchir. Ensuite, il rate de plus en plus d'informations. Il lui manque une partie des raisonnements et il a de plus en plus de mal à trouver de l'intérêt aux échanges. Sa réflexion s'appauvrit. Il reste dans son prêt-à-penser, sur ses *a priori* quant aux sujets traités et à ses interlocuteurs. Comme dans les couples en crise qui se connaissent si bien qu'ils n'ont plus besoin de se parler pour savoir ce que pense l'autre. Quentin est piégé et grisé par ses émotions.

L'ennui en réunion n'est pas une fatalité. Au lieu de se laisser aller à ses plaisirs numériques pour lutter contre, Quentin peut décider de recouvrer sa liberté et de l'exercer. Il est libre de se centrer sur la réunion, d'agir pour la rendre intéressante et efficace. Il est libre de réagir sur le sujet en discussion pour lui donner plus d'intérêt. Si ce n'est pas possible, il peut en accélérer le traitement et passer à une question plus intéressante.

Le problème des réunions est que, à l'instar de Quentin, beaucoup de participants font autre chose. Faute de motivation suffisante, eux aussi s'ennuient et se tournent insensiblement vers des activités plus motivantes : zapping entre les mails, traitement de tâches urgentes en attente. L'effet ne se fait pas attendre. Leur attention aux différentes prises de parole chute. D'où la multiplication des questions pour retrouver les informations qu'ils ont ratées en cours de route ; retours en arrière pour les remettre à niveau et, à chaque fois, perte de temps ; prises de parole peu contributives.

▶ Séquence 7 : Quentin ne sait plus déconnecter

19 h 15 – *Tendu et insatisfait de sa journée, Quentin quitte son bureau. Il croise Sylvie. Elle doit lui parler. Quentin fait l'effort de s'excuser : « J'ai promis à Imhrane d'être à la maison avant 20 heures. » Sylvie semble agacée par sa réponse. Elle insiste pour le voir le lendemain à 8 heures. Ça ne l'arrange pas, mais il accepte. Culpabilité, fatigue, dossiers commencés en attente, problèmes en attente, problèmes sans solution, tensions relationnelles, manque d'efficacité. De nouveau, Quentin ressent envahissement mental et tension physique.*

Sur le trajet, Quentin s'énerve au volant. Dans l'après-midi à la pause, il s'est emporté au téléphone quand le garagiste qui répare la voiture de sa femme lui a dit qu'il n'avait pas reçu les pièces. Pourtant Quentin a la réputation d'être quelqu'un de posé. Mais depuis son échange avec Sylvie ce matin, il se contrarie pour un rien et, régulièrement, perd son contrôle.

21 heures – *Quentin a posé le rapport du médecin du travail sur ses genoux. Il est toujours à la page 3. Il grignote devant des reportages à la télé. Il repense à Sylvie. Il se demande si le rendez-vous du lendemain n'est pas la suite du mail agressif qu'il a reçu de Manuel, le patron de Marc. C'est déjà à cause de lui qu'Elsa avait eu des problèmes.*

22 heures – *Le temps passe vite. Quentin rumine. De temps en temps, il jette un œil sur le rapport ; il a abandonné son surligneur pour la commande de la box et zappe d'une chaîne de télévision à une autre. Son smartphone reste à portée de main. De temps à autre, il ne peut pas s'empêcher de retourner sur sa tablette pour traiter quelques mails. Il est crevé, il sait bien qu'il ferait mieux de se coucher plus tôt.*

23 h 45 — *Quentin s'endort très vite. Il se réveille une première fois vers 3 heures. Impossible de se rendormir vraiment. Tous les problèmes émergent : Elsa, Sylvie, Manuel, Marc ; impossible de concilier les points de vue. Forcément, ça va mal se terminer pour Elsa. Sylvie va demander son départ de l'entreprise… Samir soutient les OS, il va ouvrir la boîte de Pandore du bien-être au travail… Les scénarios catastrophes s'enchaînent, son sommeil n'est pas très réparateur. Il commence à s'angoisser pour sa journée du lendemain.*

La charge mentale attire la charge mentale. La sensation d'envahissement déclenche une revue de toutes les menaces. Le comité des risques fonctionne à plein régime. Chaque préoccupation, chaque risque déclenche la prise de conscience d'une nouvelle préoccupation, d'un nouveau risque. Comme s'il fallait mettre à jour tous les scénarios catastrophes et définir les procédures « au cas où… ». La spirale émotionnelle vécue par Quentin est le stade ultime des préoccupations qu'il ruminait depuis le matin. Elles sont en parfaite continuité avec sa journée de travail. La nuit est l'instant parfait pour les libérer, puisqu'on n'a rien d'autre à faire à part dormir pour récupérer.

Quentin n'a pas déconnecté en quittant son bureau. Il a dépensé la plus grande partie de ses réserves d'énergie dans son travail. De retour chez lui, il n'a plus ni la liberté psychique suffisante, ni l'énergie nécessaire pour s'investir dans des occupations qui lui permettraient de récupérer. Physiquement, il est au repos, mais mentalement il reste prisonnier de ses préoccupations et du flux d'informations déversé par ses différents écrans.

Quentin présente les signes d'un excès d'engagement professionnel. Il dépense trop d'énergie émotionnelle dans son travail et il est en surcharge mentale. Les conséquences immédiates sont un déséquilibre entre sa vie professionnelle et sa vie personnelle, une diminution de ses capacités de récupération, l'apparition des premiers signes de surmenage intellectuel et des réactions d'adaptation de moins en moins efficaces pour sa santé et son travail.

RALENTIR POUR PRÉSERVER SA LIBERTÉ PSYCHIQUE

Quentin est en déséquilibre. Ses activités professionnelles débordent trop dans sa vie personnelle. Mais avant de redresser le balancier vie pro/vie perso, il lui faut d'abord retrouver l'équilibre dans sa vie pro. Ce dont souffre Quentin, c'est de surfonctionner en pilotage automatique. Comme beaucoup de managers, il n'a pas conscience de la part prise par le pilote automatique dans ses activités professionnelles (voir encadré ci-dessous).

Encadré 4.4 – Les décisions du manager

Fin 2017, pour accompagner le lancement de son dernier smartphone, Huawei a publié une étude sur le nombre de décisions prises automatiquement, sans la participation de notre pilote conscient. À la question « combien de décisions pensez-vous prendre par jour ? », la réponse était 92 en moyenne. La réalité, c'est 35 000 décisions par jour, dont 99,74 % en automatique, soit 34 909. L'écart est gigantesque. Rapporté à la seconde, sans tenir compte du temps de sommeil, cela fait une décision toutes les 2,5 secondes. D'où le besoin profond de s'organiser pour préserver notre temps de conscience.

Quentin a besoin de prendre du recul pour préserver sa liberté psychique et utiliser davantage son intelligence en toute conscience. Cette prise de recul, nous l'avons vu, repose sur la capacité à ralentir.

Ralentir quelques minutes pour clarifier ce qu'on veut faire avant de passer l'action.

Ralentir dans l'action quand l'émotion monte ou dès que les signes de dispersion de l'attention ou les comportements automatiques apparaissent, pour se poser brièvement la question simple : « Qu'est-ce que j'ai à faire dans cette situation ? » C'est très simple mais très efficace, à condition d'avoir clarifié auparavant ses objectifs. Tout professionnel devrait maîtriser cette routine : mesurer l'écart entre ce qu'il fait et ce qu'il devrait faire, puis réguler pour être le plus professionnel possible.

Ralentir pour prendre le temps de récupérer quelques minutes.

Ralentir pour garder suffisamment d'énergie et de disponibilité mentale à consacrer à notre vie personnelle.

Ralentir pour penser autant à notre vie personnelle qu'à notre vie professionnelle.

 Épilogue

6 h 30 — *Quentin se lève, les scénarios « catastrophe » s'éloignent. Sous la douche, il est déjà replongé dans ses dossiers. Beaucoup d'idées se bousculent dans sa tête. Il sera à l'heure pour son rendez-vous avec Sylvie. Il est serein. Il a bien préparé son argumentaire pour défendre Elsa. Il a quelques arguments pour remettre Manuel en cause sans attaquer Marc.*

8 heures — *Sylvie, souriante, l'accueille dans son bureau. Elle est détendue. Quentin en profite pour aborder d'emblée la défense d'Elsa. Sylvie l'arrête d'un signe de la main : « J'ai une information importante à te donner. Je vais quitter l'entreprise à la fin de l'année. Je l'ai annoncé le mois dernier au président. Il m'a demandé si j'avais préparé ma succession. Nous avons convenu de te proposer le poste de secrétaire général. Qu'en dis-tu ? »*

À retenir et à partager

- La liberté psychique est le bien le plus précieux du manager. Il s'agit de la protéger des sollicitations internes et externes.

- L'activité de notre cerveau est régie par deux pilotes : le pilote automatique et le pilote conscient. La charge mentale est l'ensemble des pensées et préoccupations qui occupent notre espace mental.

- Plus nous sommes débordés par nos émotions et sollicités par les appareils numériques, plus le pilote automatique prend le dessus, moins nous sommes libres de nos actes.

- La prise de recul, l'attention et des exercices de pleine conscience sont essentiels à la préservation de la liberté psychique.

Et vous ?

Tentez, comme Quentin, de séquencer votre journée et d'analyser ce qu'il s'y passe.

Pendant vos activités professionnelles, quel type de pensées vous occupe ? (Triez par tâches simples et complexes.)

Êtes-vous capable d'assister à une réunion sans toucher à vos appareils numériques ?

Que faites-vous pendant les pauses qui ne sont pas à votre agenda ?

Chapitre 5

Entretenir sa souplesse adaptative

Les prestataires de services marketing s'intéressent depuis les années 2000 aux neurosciences cognitives et à leurs applications qu'on appelle désormais neuromarketing. Le même intérêt se développe dans les sciences de l'éducation (neuroéducation). Dans le monde de la santé, la psycho-éducation s'attache au développement des capacités adaptatives de la personne. Nous vous proposons ici de développer les vôtres en utilisant des compétences pratiques issues de la psychologie scientifique, qui tiennent compte de l'avancée des connaissances en neurosciences cognitives.

En effet, mieux prendre en compte nos limites mentales nous permet de préserver notre liberté psychique, mais ne suffit pas pour assurer notre adaptabilité. Pour ce faire, il s'agit d'analyser et de comprendre ses propres comportements, de s'observer, d'utiliser ses émotions pour réfléchir et, enfin, de s'organiser pour apprendre de nouvelles habitudes afin de créer un processus d'amélioration continue. Le manager, comme nous le verrons dans la troisième partie, a une multitude de rôles à jouer. Pour les remplir, il dispose de leviers d'action tels que : se faire obéir, gérer le temps, influencer son entourage, etc. Nous allons en examiner quelques-uns, en les mettant en perspective avec sa personnalité pour montrer comment celle-ci influence leur usage. Le manager « psy » est en effet un manager qui, grâce à sa connaissance de l'humain, s'organise pour prendre le temps de se questionner et de continuer à apprendre.

DÉCOUVRIR SES RIGIDITÉS

En effet, les traits de personnalité peuvent conduire la personne à agir à son insu, *a contrario* du but qu'elle veut atteindre. L'enjeu du manager est d'apprendre à avoir sur lui-même la lucidité qui lui permettra d'adapter ses comportements aux situations. Autrement dit, il s'agit pour lui de garder un état d'esprit flexible pour s'appuyer sur ses forces et continuer à se développer. Nous verrons quelles sont les grilles de lecture, les méthodes et les compétences pratiques qui permettent au manager de développer son intelligence psychologique et d'entretenir sa souplesse adaptative.

Managers sous influence

Le manager subit deux influences qui lui sont propres et qu'il doit apprendre à comprendre et à utiliser. La première provient de ses émotions. On a vu plus haut comment elles affectent les comportements. Comme tout individu, le manager peut se laisser déborder. Les émotions sont nourries par des représentations. Le manager en a accumulé tout au long de son expérience. Elles lui dictent ce que doit être son rôle, sa responsabilité, ce qui est efficace, son positionnement par rapport à ses pairs, etc.

La seconde influence est liée à son tempérament, sa personnalité. Manuel est un expansif communicant qui va vers les autres et aime prendre la parole en public, influencer les autres et créer de la dynamique. Il est moins à l'aise dans le conflit et a du mal à dire non. Quentin est vif, il aime être actif, prendre rapidement les choses en main, sentir qu'elles progressent. Il se disperse facilement dans l'hyperactivité et s'épuise dans le multitâche aux dépens des projets prioritaires. Elsa aime avoir le contrôle de ses projets et de son environnement. Elle vérifie tout et croise plusieurs sources, toujours inquiète que quelque chose lui échappe. Les individus l'intéressent peu, ce qui compte ce sont les process. Imhrane, la femme de Quentin, est brillante, elle aime avoir le pouvoir sur les événements : clarifier, décider rapidement, agir efficacement avec un effet visible. Elle se met facilement en compétition avec les autres et elle veut gagner. Franck est un pragmatique concret et rationnel. Il voit les sujets à travers leur dimension technique et se méfie de tout ce qui est relation humaine.

Au-delà de ces caricatures, les inclinations de chacun, tant en termes de convictions que de traits de personnalité, déterminent souvent la façon de décider, l'usage du temps, les relations aux autres, etc. Afin d'échapper, quand cela est nécessaire, à l'influence de leurs représentations et de leurs émotions, à leurs comportements habituels et émotionnels, ces cinq managers ont besoin de mieux se connaître dans l'action. Ils seront alors en mesure d'agir en s'appuyant sur leurs forces et de trouver les moyens d'expérimenter de nouveaux comportements afin de dépasser leurs limitations.

Tests de personnalité, méfiance

Ce besoin de se connaître alimente la florissante industrie des tests en tous genres. Tous ne répondent pas, loin de là, aux critères de la psychométrie scientifique. Cependant, même les plus rigoureux ne font que décrire des traits de personnalité sans faire le lien avec les leviers d'action : ils décrivent un état, mais pas la manière dont cet état influence la façon d'agir. Par exemple, en quoi être qualifié d'extraverti doit-il alerter sur la façon qu'on a de décider, d'écouter et d'interagir avec les autres ?

Or le manager agit souvent de façon automatique, guidé par des convictions qu'il ne remet pas en cause et des traits de personnalité qui le font toujours basculer d'un côté plutôt que d'un autre.

Bien souvent, les tests le renforcent dans l'idée qu'il est logique d'agir selon sa personnalité. Comme si les comportements étaient prédéterminés et qu'il n'y avait rien à faire pour s'améliorer et progresser ! Or, comme nous l'avons montré, l'efficacité est surtout une affaire de contexte, de situation, de circonstances. Ce qui suppose une grande souplesse d'esprit pour résister aux automatismes et à l'application de solutions qui ont fait leurs preuves auparavant.

Les tests de personnalité renvoient avec plus ou moins de fidélité à une connaissance de soi statique. Pour développer leur souplesse adaptative, les managers ont besoin d'un outil de connaissance de soi dynamique et ajustable situation par situation.

Le frein, c'est vous

Le manager doit donc se surveiller en permanence. Il ne pourra en effet développer cette agilité qu'il exige des autres qu'en ayant cette lucidité sur lui-même qui lui indiquera où porter ses efforts de changement. C'est d'autant plus nécessaire qu'il se trouve à des postes de responsabilité et de pouvoir importants : ayant gravi plus d'échelons (qui sont autant de preuves de sa réussite) que les autres, il aura tendance à penser que ce qui lui a réussi dans le passé lui réussira encore à l'avenir.

Ceux qui considèrent que l'entreprise doit s'adapter à leur tempérament, puisqu'ils en sont les chefs, font en fait l'aveu de leur incapacité à évoluer et signalent par là qu'ils se contenteront de reprendre les vieilles recettes. Ils affichent le contraire de ce qu'ils demandent à leurs équipes et de ce qui fait la compétitivité des entreprises aujourd'hui : l'adaptabilité.

La véritable limite à la performance du manager n'est autre que lui-même. S'il n'est pas son meilleur ennemi, il est certainement le frein principal à l'élargissement de son registre comportemental. Son efficacité est en effet directement liée à l'étendue de sa gamme de comportements : il doit être en mesure d'agir d'une certaine façon dans certaines circonstances et de façon différente dans d'autres configurations.

Pour gagner en lucidité et préserver son adaptabilité, le manager a besoin de se surveiller. Nous verrons ce qu'il doit observer et faire de ses observations.

Le passé est aussi un frein

Le bouleversement permanent, caractéristique de notre monde, va à l'encontre du mécanisme habituel de constitution de la compétence. Celui-ci consistait autrefois à apprendre de l'expérience pour conforter une pratique que l'on reproduisait ensuite : plus on reproduisait bien, plus on était efficace. Aujourd'hui, plus on reproduit, moins on est adaptable. Plus précisément, l'équilibre a changé dans la balance, du poids de l'expérience (qui a toujours son utilité) vers celui de la mise en œuvre d'une nouvelle pratique liée à la particularité d'une situation.

Alors qu'autrefois l'expérience et la reproduction étaient fondamentales dans l'efficacité, elles peuvent désormais freiner l'acquisition de nouvelles expériences, l'apprentissage de nouveaux savoirs et le développement de l'intelligence situationnelle. C'est-à-dire l'intelligence qui permet de prendre en compte l'ensemble des paramètres d'une situation et de trouver des modes d'action en fonction des conséquences envisagées. Ce qui suppose de sortir de ses automatismes en cas de besoin. Quelle grille de lecture utiliser et quels types de questionnement faut-il mener pour transformer les nouvelles situations en expérience de souplesse adaptative positive ?

TROUVER DE LA SOUPLESSE ADAPTATIVE POUR MIEUX UTILISER LES LEVIERS D'ACTION

Les leviers d'action d'un manager étant très nombreux, il n'est pas question de les explorer tous. Aussi proposons-nous de nous concentrer sur les principaux afin de montrer comment des expériences antérieures, qui ont forgé des représentations et des traits de caractère, activent les émotions et induisent des comportements automatiques. Ceux-ci ne répondent pas à la situation, mais à la pression interne que ressent le manager.

Au quotidien, quelles que soient les fonctions qu'il occupe, le manager utilise régulièrement cinq leviers d'action principaux :

- son mode de contrôle, de maîtrise et de gestion de l'incertitude ;
- sa capacité à décider et à exercer son pouvoir (donner des ordres, se faire obéir) ;
- sa capacité à influencer, à mobiliser et à donner envie ;
- son usage du temps (rapport action/réflexion, impatience) ;
- sa relation aux autres (proximité/distance), son rapport à la critique, à la rivalité, à la légitimité.

Il serait vain et fastidieux de croiser chaque levier d'action avec tous les types de personnalité et les représentations possibles. Notre parti pris est d'illustrer à partir de tempéraments et de schémas mentaux, souvent rencontrés tant chez les managers que chez les dirigeants, la façon dont les uns et les autres s'enferment parfois dans une pratique. Pratique qui bien sûr est efficace dans certaines circonstances, mais qui est susceptible de rétrécir leur faculté d'adaptation à d'autres conjonctures.

Pour chaque levier d'action, nous montrerons comment l'utilisation de l'intelligence psychologique favorise la souplesse adaptative :

- utiliser une grille de lecture pour **analyser et comprendre ses comportements et ceux des autres**, situation par situation ;
- prendre de la hauteur pour clarifier son rôle en fonction des contextes ;
- expérimenter de nouveaux comportements pour utiliser les leviers d'action et s'observer pour réguler ses automatismes ;
- accéder à ses émotions pour dépasser ses résistances émotionnelles ;
- comprendre les motivations et les comportements des autres, observer la relation aux autres pour développer la performance relationnelle.

Analyser et comprendre un comportement

 La gestion du flou et de l'incertitude

Elsa sort du bureau de Marc. Elle peine à retenir ses larmes. Ce projet de communication interne est la goutte de trop, elle ne va pas s'en sortir. Elle avait pourtant clairement dit qu'elle ne voulait pas travailler avec la communication. Elle a bien assez à faire avec ses équipes pour réorganiser les process du développement RH. Quentin a insisté, il souhaite qu'elle amène sa rigueur dans la conception des projets innovants. Elle partage donc avec Marc la responsabilité de créer un dispositif de communication digitale pour favoriser l'appropriation du nouveau SIRH. Depuis quelques semaines, elle se démène pour contenir le budget. Mais Marc ne s'intéresse qu'à la conception de l'UX (User eXperience). Il est arrivé en retard à leur séance de travail. Il a passé toute la réunion sur la définition des prochains livrables UX. Elsa subit la pression de Quentin pour réduire le budget des projets digitaux et tenir les délais, mais Marc n'a que faire de la procédure de suivi budgétaire. Il vient d'accepter le dernier livrable sans vérifier la facture. Elsa n'a pas réussi à se contenir jusqu'au bout. Elle n'a pas pu s'empêcher de critiquer vertement son manque de professionnalisme. Elle sait que ça va lui retomber dessus. Il y a un dossier… L'an dernier, elle a travaillé avec Manuel, le patron de Marc, sur un projet stratégique à développer à l'international avec des entités opérationnelles. Elsa s'était beaucoup répandue sur son manque de rigueur, de professionnalisme… Il avait demandé à Sylvie qu'elle quitte l'entreprise. C'était lui ou elle. Manuel ne veut plus travailler avec elle. Il passe son temps à s'en plaindre. Il attend la bonne occasion pour obliger Quentin à s'en débarrasser.

Elsa se sent perdue, pourtant ce n'est pas la première fois qu'elle vit ce type de situation. Elle sait qu'elle exagère en s'en prenant à Marc et se culpabilise de son échec à changer.

Si elle devait se définir, Elsa se décrirait avant tout comme fiable. Méticuleuse, elle ne laisse rien au hasard. Perfectionniste, elle prend tout le temps qu'il lui faut pour vérifier et revérifier. Peu lui importent les heures supplémentaires. Elle est souvent la dernière partie. Tard le soir, elle trouve la tranquillité nécessaire pour terminer ce qu'elle a à faire sans être dérangée. Car l'une des choses qu'elle supporte le moins, c'est d'être interrompue tout le temps dans son travail, ce qui nuit à la qualité de sa concentration. Lorsqu'on lui confie une tâche et qu'elle s'en sent responsable, on peut être sûr de son exécution : c'est une organisatrice née. Elle répartit les tâches et met des indicateurs de suivi partout. Chacun doit lui remonter les informations dans un format très précis et elle sait se montrer insistante lorsqu'il manque un élément. Le tableau Excel est son outil préféré. Elle n'a pas son pareil pour en tirer de nouvelles corrélations et faire parler les chiffres. Et elle n'aime rien tant que de faire des présentations qui se concluent souvent par la nécessité de mettre en place un nouveau process. Un peu frustrée qu'on lui demande d'être synthétique, elle pense au contraire qu'il est important de disposer de tous les éléments pour bien décider.

👁 L'œil du psy

Ce portrait d'Elsa montre ses forces et ses limites. Elle doit en prendre conscience, mais surtout apprendre à repérer les contextes professionnels où son fonctionnement la rend efficace et lui donne du confort. Et, inversement, ceux où, comme avec Marc, son fonctionnement la met en difficulté pour jouer son rôle.

Contexte d'efficacité – Ces personnalités organisatrices et perfectionnistes donnent un cadre rigoureux qui clarifie les attentes vis-à-vis de chacun. Leur précision est très utile dans les métiers d'expertise comme le droit ou la finance, mais également dans les nombreux secteurs où l'approximation fait courir de vrais risques. En tant que dirigeants, ils ont une grande capacité de réorganisation et de traitement en détail des sujets. Ce qui peut être utile dans les entreprises qui ont perdu en rigueur et où chacun est davantage engagé dans ce qui lui plaît que dans l'intérêt collectif.

Limites – L'excès de process et de contrôle rigidifie le système et fait perdre au manager sa capacité d'innovation et son intelligence situationnelle. Les nouvelles idées ne sont pas les bienvenues, car elles font immédiatement courir le risque de se tromper.

Le message général envoyé aux équipes est celui du respect de la règle. L'absence de prise en compte de la dimension humaine a pour effet de minimiser les difficultés d'interface entre les entités. Chacune se donne pour but d'être irréprochable et donc de reporter la faute sur l'autre plutôt que de trouver des solutions utiles à l'ensemble. Il en va de même des relations interpersonnelles : elles n'existent pas. Que chacun fasse son travail et tout ira bien. Ces organisations bien ordonnées n'ont évidemment aucune adaptabilité. Elles optimisent, mais sont incapables de faire face à des disruptions.

Ce constat, Elsa l'a déjà fait à diverses reprises, notamment lors de son dernier entretien annuel d'évaluation avec Quentin. Elle a déjà essayé de changer, mais après plusieurs tentatives, elle est restée la même. Elsa maîtrise parfaitement la dimension technique de son job mais, comme beaucoup de managers, elle entre dans le flou dès qu'elle aborde la dimension humaine. Ce flou la met mal à l'aise, elle doute. Est-ce vraiment possible de se changer après vingt ans de vie professionnelle ?

Elsa confond deux objectifs : changer ce que l'on est et changer ce que l'on fait. Pour trouver la souplesse adaptative qu'elle recherche, elle n'a pas besoin de changer ce qu'elle est. Cet objectif est trop ambitieux, voire inaccessible. Elle a juste besoin de changer ce qu'elle fait dans un nombre de contextes limités. Elle commencera donc par se demander dans quelles situations elle a besoin d'évoluer, avec qui et sur quels sujets.

Premier contexte évident, le projet digital qu'elle co-construit avec Marc. Pour être aussi précise sur l'humain que sur le technique, Elsa a besoin de s'approprier une grille de lecture et une méthode. Elsa critique Marc sur son manque de professionnalisme : quelles sont les dimensions à questionner pour analyser et comprendre ce comportement (voir figure 5.1) ?

*

Figure 5.1 – Analyser et comprendre un comportement

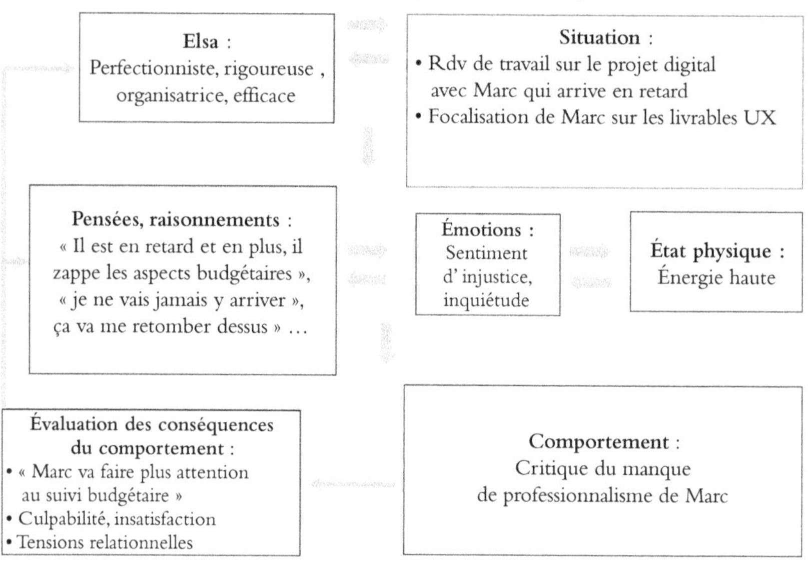

Elsa doit répondre à quelques questions très simples pour chacune des six dimensions suivantes : quelles sont les principales caractéristiques de la situation ? Quelles sont les émotions ressenties dans cette situation ? Les raisonnements associés à l'émotion ? L'état physique (fatigue, équilibre, excitation) ? Les conséquences du comportement adopté dans la situation ? Quels sont ses représentations et traits de personnalité les plus saillants ?

Traits de caractère – La tendance d'Elsa et son goût pour l'hyper-contrôle correspondent aux personnalités perfectionnistes. Elsa aime les choses bien faites qui n'appellent aucune critique. Aussi passe-t-elle beaucoup de temps à anticiper toute objection possible. À ses yeux, le sentiment d'avoir fait et bien fait ce qu'elle avait à faire prime sur tout le reste. Dès lors, l'inscription de sa tâche dans un projet collectif passe au second plan. D'ailleurs, elle critiquera volontiers ses collègues moins précis qu'elle. Jusqu'au dernier moment, elle reprend, relit, améliore et a du mal à rendre dossier, rapport ou conclusions dans les temps. Cette pression qu'elle se met à elle-même, elle la répercute sur toute son organisation. Son modèle est l'horlogerie suisse. Une belle mécanique qui tourne sans anicroche. Le facteur humain l'intéresse peu, voire la met mal à l'aise. Ce qui compte, c'est l'organisation et les process.

Émotions principales – Celle qui domine est la culpabilité. La peur d'être prise en défaut. Elsa déteste être critiquée, car elle assimile sa valeur personnelle à sa performance. Pour elle, une erreur est une faute dont elle accepte volontiers la punition. Son registre émotionnel est moral et clivé entre ce qui est bien et ce qui est mal. Elle trouve donc de la satisfaction dans le fait de n'avoir commis aucune faute.

Ses représentations – Elles portent sur :

L'erreur : « Elle n'est pas admissible, chacun est responsable de ce qu'il a à faire et doit bien le faire ; toute erreur doit être sanctionnée. »

Le changement : « Pourquoi changer ce qui marche ? Mieux vaut bien faire marcher ce qui a fait ses preuves ; le changement est toujours un risque que l'on ne maîtrise pas. »

L'efficacité : « Elle repose avant tout sur l'organisation, chacun n'a qu'à faire ce qu'il a à faire, toute la question est d'avoir les bons indicateurs de suivi, les process s'imposent à tous ; si tout le monde les respectait, il n'y aurait pas de problème. »

Mieux se connaître doit permettre à Elsa de mieux utiliser ses atouts. Sa force principale dans la gestion du flou et de l'incertitude est justement son intolérance à l'incertitude. On dit souvent que la clé du succès, c'est de développer ses forces. Elsa a surtout besoin de rééquilibrer les siennes pour adopter les comportements professionnels dans les contextes où une bonne gestion du flou et de l'incertitude est primordiale. Par exemple : partager les responsabilités, partager ses préoccupations, prendre le risque de faire confiance à l'autre, demander de l'aide, co-construire les solutions…

Avoir une bonne connaissance de soi et une vision claire de son rôle professionnel permet de mesurer l'écart entre ce que l'on est et ce que l'on a à faire (voir figure 5.2). Dans des environnements de travail exigeants et complexes, cet écart fluctue au fil du parcours professionnel et au gré des changements de poste, d'organisation, d'interlocuteurs… En prenant l'habitude d'analyser cet écart, on se crée un fil rouge qui nous guide pour développer de nouvelles habitudes professionnelles en fonction des contextes clés. L'analyse de cet écart est une *soft skill* importante pour le développement de l'intelligence psychologique au travail.

La prise de recul

Ce faisant, Elsa passera d'une perception globale de sa réaction à une perception détaillée, dimension par dimension. Un tel protocole a fait la preuve de son efficacité quand il s'agit de prendre du recul par rapport à une situation chargée émotionnellement. Il prévient très efficacement les préoccupations envahissantes du type ruminations anxieuses.

Prendre du recul, c'est donc se poser quelques questions pour analyser et comprendre ses comportements. Elsa prend alors conscience que chacune des dimensions est cohérente avec son comportement, sauf la dimension « conséquences du comportement ». Cette dimension reflète une double évaluation : celle de l'efficacité immédiate du comportement d'Elsa par rapport à Marc et celle, plus globale et plus importante, du comportement d'Elsa par rapport à son rôle dans la mission qu'elle partage avec Marc.

La culpabilité ressentie par Elsa est à mettre en perspective par rapport à son rôle. En visualisant celui-ci, Elsa perçoit immédiatement le comportement à adopter pour être professionnelle dans un contexte clé de son activité. En quelques minutes de questionnement, elle a réévalué son comportement et trouvé la solution. La prise de recul est une deuxième *soft skill* de base à s'approprier pour garder de la souplesse adaptative.

La prise de recul est efficace parce qu'Elsa est claire sur son rôle. Les prises de recul régulières participent à cette meilleure connaissance de soi. En questionnant ses émotions, ses raisonnements, Elsa va clarifier ses représentations : pourquoi a-t-elle tendance à s'inquiéter ? Qu'est-ce qui l'incite à faire des scénarios catastrophes ? Pour progresser dans son adaptabilité, Elsa a surtout besoin de mieux se connaître.

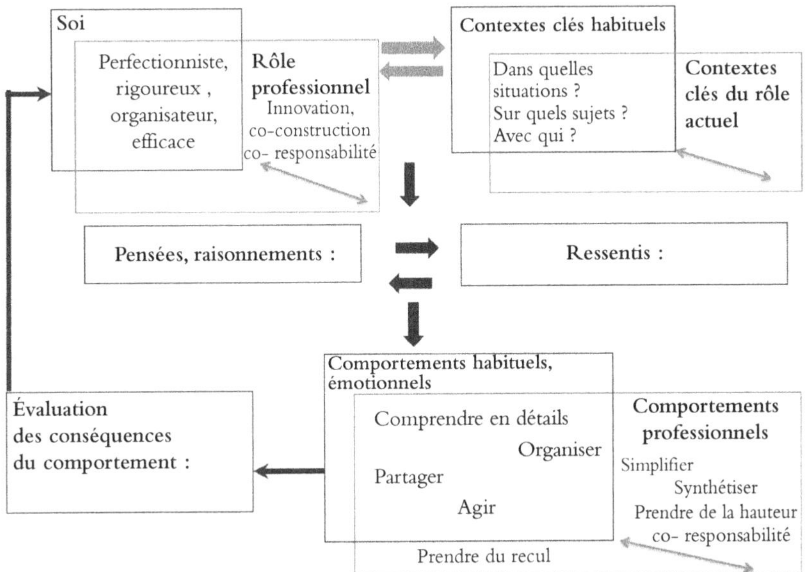

Figure 5.2 – Mesurer l'écart entre soi et son rôle

Les registres de la gestion de l'incertitude

Pour Elsa, l'intolérance à l'incertitude peut conduire à multiplier les stratégies de contrôle de l'incontrôlable. C'est un mécanisme psychologique fréquent que l'on rencontre chez les anxieux. Les individus s'épuisent à envisager tous les scénarios. Exercice vain, car évidemment, tout n'est pas envisageable. De surcroît, cette illusion du contrôle total fait dépenser énergie et temps en pure perte. D'autant plus qu'à ce travail sans fin sur des hypothèses d'événements, ces managers rajoutent souvent de la règle à la règle. C'est-à-dire qu'ils surinterprètent les normes fixées par les régulateurs divers et variés afin de garantir une sécurité supplémentaire.

À l'inverse, certains managers adorent l'incertitude. Ils ne s'épanouissent jamais autant que lorsqu'ils sont confrontés à des surprises, voire à des crises. Très sûrs d'eux, ils multiplient les décisions lors de ces périodes secouées qui désorientent beaucoup de leurs interlocuteurs.

Elsa doit passer d'une priorité centrée sur la régulation de sa peur de l'incertitude à une autre sur l'exercice de son rôle. Concrètement, elle doit apprendre à adopter de nouveaux comportements professionnels, même si cela crée un écart avec ses habitudes et la met en contradiction avec ses émotions. Nous verrons plus loin dans ce chapitre comment utiliser l'émotion pour réguler ses comportements. Elsa a bien cerné son fonctionnement et peut mesurer précisément l'écart avec son rôle. Il lui reste à prendre de la hauteur pour clarifier celui-ci.

Prendre de la hauteur pour clarifier son rôle en fonction des contextes

 ### L'exercice du pouvoir

Imhrane déjeune avec Sonia. Sonia est la DGA de la banque régionale où Imhrane est responsable du réseau d'agences. Leur banque a fusionné avec celle d'une région voisine appartenant au même groupe. Elle dit toute sa déception. C'est Arnaud, son ancien collègue, qui a obtenu le poste de responsable des centres d'affaires et des collectivités locales qu'elle voulait à tout prix. Mais Franck, le nouveau DG, a préféré la maintenir au poste où, parachutée de Paris il y a trois ans, elle a brillamment réussi à redynamiser l'activité commerciale.

Imhrane n'a pas de mots assez durs pour critiquer Franck. Six mois après la fusion, elle n'obtient pas les décisions qui lui paraissent indispensables pour développer l'efficacité commerciale du réseau. Ses directeurs de groupe se plaignent de tous les freins qui les empêchent d'être beaucoup plus efficaces au quotidien. À l'évidence, les fonctions supports du siège ne jouent pas leur rôle. Mais Franck prétend que c'est leur interface qui dysfonctionne. Selon lui, il faut retravailler sérieusement les process et, si chacun exécute bien son rôle, l'efficacité devrait s'améliorer rapidement. Imhrane le prend comme une critique de son travail. Elle a l'impression qu'il ne l'apprécie pas à sa juste valeur et qu'il favorise Arnaud. Elle ne serait pas surprise qu'il ait déjà prévu qu'Arnaud lui succède à son départ dans trois ans. Heureusement, elle a gardé une mission transversale au niveau du groupe. Elle pilote une réflexion stratégique pour positionner le groupe en leader numérique sur son marché.

Sonia tente de faire prendre de la hauteur à Imhrane. Les résultats du réseau sont bons. Il vient de passer de la 10ᵉ à la 3ᵉ place du groupe. Imhrane proteste : « Mais on devrait être premier, en plus, on a perdu des parts de marchés au niveau de la région. Il est urgent de lancer un plan d'action sur le crédit immobilier. Il faut que Franck me donne des moyens supplémentaires et que le siège accélère le traitement des dossiers pour accorder les prêts. » Sonia est frappée par son manque de hauteur de vue. Elle la coupe ; excédée, elle lui demande d'un ton sec de réfléchir à son rôle. Imhrane rougit. Toujours prompte à agir et à décider, elle n'a pas de réponse claire et convaincante. Sonia sourit et insiste.

Diplômée d'une grande école, Imhrane est brillante. Elle frappe ses interlocuteurs par sa capacité à comprendre très vite toutes les composantes d'une problématique et d'aller tout de suite à l'essentiel. Lorsqu'elle considère avoir suffisamment d'éléments, la décision est rapide et ne souffre aucune contestation. Elle en attend des effets immédiats et gare à celui qui ne l'appliquerait pas. D'ailleurs, elle veille à être au courant de tout et donne son avis à tout propos.

Son entourage a bien compris qu'il valait mieux lui faire remonter le maximum de sujets. Lorsqu'elle s'aperçoit qu'elle n'a pas été consultée, elle devient en effet très critique sur ce qu'elle n'a pas choisi. Elle se plaint régulièrement de devoir être omniprésente, mais ne met jamais rien en place pour qu'il en soit autrement. En fait, elle conforte sa conviction de départ que ses collaborateurs n'ont pas un niveau suffisant pour qu'elle leur lâche la bride. Volontiers en rivalité avec ses pairs, elle protège son « territoire » des incursions potentielles. La confrontation ne lui fait pas peur.

Imhrane a passé près de dix ans dans le conseil en organisation. Elle s'est beaucoup investie dans la réalisation et la mise en place de la relation client multicanal dans le secteur de la banque et de l'assurance.

Depuis plus de cinq ans, elle est passée chez le client. Elle a souhaité faire ses preuves sur le terrain. Toujours dans l'action, elle ne s'est jamais interrogée sur son rôle. Imhrane se connaît bien. Elle fait partie de ces managers très à l'aise avec l'exercice du pouvoir.

L'œil du psy

Traits de caractère – Les personnes qui correspondent au portrait d'Imhrane sont souvent valorisées. D'une part parce que, dans le système français, le brio et l'intelligence fascinent. Et d'autre part, parce qu'ils ont souvent une grande énergie et un fort besoin de réussir qui produisent des résultats. À court terme, du moins.

Leur caractéristique saillante est le besoin de dominer. La prise de décision en est l'outil principal. Il leur faut le dernier mot. Cette attitude est souvent associée au sentiment d'être supérieur, ce qui n'est pas faux, relativement à une forme d'intelligence (souvent conceptuelle et stratégique) qui leur a permis de faire des études prestigieuses.

Émotions principales – À l'évidence, ces personnes privilégient leur plaisir. Elles aiment tellement dominer et décider que c'en est presque une addiction. Ayant développé une dépendance à leur travail, elles ont généralement du mal à déconnecter. D'ailleurs, elles n'envisagent pas la retraite, ou alors dans l'idée de reprendre une activité qui leur donnera le même type de plaisir. Un autre plaisir y est souvent associé, celui de briller et de recueillir les honneurs. Toujours guettées par l'*hubris*, un orgueil démesuré, elles font en sorte d'être en position de toute-puissance. Attentives à leur image, elles veillent à apparaître comme la personne providentielle sur laquelle repose la réussite ou le risque d'échec.

Leur peur est l'échec ou la perte du pouvoir. Outre le plaisir qu'elles trouvent à être dans l'action, elles se surchargent au point de s'épuiser. N'ayant véritablement confiance qu'en elles-mêmes, elles s'inquiètent si elles ne voient pas l'essentiel.

Représentations – Elles portent sur :

– La solitude : « *Il faut un chef qui tranche. Il faut un responsable et un seul. On passe beaucoup trop de temps en palabres.* »

– Le super ego : « *Si je ne prends pas les décisions, personne ne les prendra. Je suis mieux placé que les autres pour décider. Mes collaborateurs n'ont pas de courage. Ce qui compte c'est de prendre les bonnes décisions, le reste c'est de l'intendance. Ce qu'on attend de moi, c'est de commander.* »

– La centralité : « *Je dois être au courant de tout. Le plus grand risque, c'est qu'on ne me fasse pas remonter les bonnes informations.* »

– L'efficacité : « *Les collaborateurs doivent être mis sous pression et obéir.* »

Enjeu – Il est essentiel d'élargir les registres de plaisir, d'en trouver ailleurs et autrement que dans la domination. Et bien sûr, d'apprendre à ne plus avoir peur de ceux (ou celles) qui pourraient se montrer plus ou au moins aussi intelligents. Autrement dit, explorer d'autres registres du pouvoir pour plus d'efficacité.

> *Imhrane connaît bien ses forces. La principale : la capacité à prendre le pouvoir. Mais être au centre, avoir de l'ambition et l'assouvir n'est pas toujours le rôle qu'on attend d'elle. Elle est d'accord sur le fait qu'elle ne peut pas se contenter de jouer son rôle en fonction de ce qu'elle ressent et en s'appuyant uniquement sur ses forces habituelles, quels que soient les contextes.*

Contexte d'efficacité – Ce type de personnalité donne souvent toute sa mesure dans les situations de crise. Lorsque l'entreprise est en difficulté, voire menacée. Il faut aller vite, rester sur l'essentiel, donner des ordres clairs à chacun, être un point central qui coordonne. Ces tempéraments excellent dans le redressement d'entreprises, par exemple.

Limites – Les managers qui prennent du plaisir dans ce mode d'exercice du pouvoir ont souvent du mal à fonctionner avec leurs pairs dans un jeu collectif. Tout simplement parce que cela les prive du plaisir d'être le premier, au centre, le dominant. Ils manquent de souplesse pour accepter que d'autres puissent avoir raison.

Avec leurs équipes, leur difficulté est de lâcher le pouvoir. Ils s'entourent de bons exécutants. Même s'ils s'essaient à la délégation, la prédiction autoréalisatrice (faire en sorte que ce l'on a prédit se réalise) confirme que cela ne fonctionne pas.

Imhrane a besoin de clarifier son rôle par rapport aux enjeux du réseau et d'adapter son usage du pouvoir en fonction des contextes. Aidée par Sonia, elle réfléchit à son rôle. Que doit-elle mettre en place pour construire la base des futures performances commerciales du réseau d'agences ?

Jusque-là, Imhrane voulait reproduire ce qui avait bien fonctionné quand elle est arrivée en région. Redécouper le réseau commercial en fonction du portefeuille client et de la rentabilité des agences et mettre les bonnes personnes aux bonnes places. Franck résiste, il ne s'agit pas simplement de redécouper les groupes et d'avoir des moyens en plus. Il veut une redéfinition des process aux interfaces avec les fonctions supports du siège.

Imhrane aurait tendance à penser que son rôle est de poser le problème à résoudre, puis d'appliquer la stratégie de la banque de détail dans le réseau d'agences et d'organiser les groupes pour réussir cette stratégie. En prenant un peu plus de hauteur, sa vision évolue. Elle comprend que son rôle est davantage de favoriser une réflexion entre ses directeurs de groupe et les différentes fonctions supports du siège. C'est à eux de s'organiser pour travailler avec les back-offices, la finance, les RH, l'informatique et le marketing (c'est-à-dire une partie des équipes de Sonia).

La force d'Imhrane, c'est de prendre le pouvoir. Mais sur ce projet, son rôle est de mettre en responsabilité ses équipes, tout en s'appuyant sur celles de Sonia. Les contextes clés où elle va devoir surveiller son comportement ne manquent pas :

- les réunions de Codir pour convaincre Franck et Arnaud en s'appuyant sur Sonia ;
- les comités développement pour faciliter la réflexion de ses directeurs de groupe et l'avancée du projet ;
- lors de la communication du projet ;

- les réunions en bilatéral avec Sonia ;
- l'animation du séminaire de lancement du projet avec ses directeurs de groupe et leurs interfaces principales.

Quelles nouvelles habitudes Imhrane devra-t-elle prendre pour jouer son rôle efficacement ?

Lors du séminaire de lancement : son rôle sera de cadrer la réflexion. Pour cela, elle devra permettre à chacun de contribuer au diagnostic et de s'impliquer dans la résolution du problème.

Dans les comités développement, il lui faudra écouter pour suivre l'avancée du projet, encourager les initiatives, célébrer les succès, communiquer ses satisfactions, faciliter l'avancée de la réflexion sans imposer sa vision et surtout faire un peu plus confiance en reconnaissant les compétences de ses collaborateurs. Pour communiquer le projet, il lui reviendra d'animer des petits déjeuners dans les agences pour faciliter l'appropriation du diagnostic ; de recueillir des points d'amélioration dans l'interaction des agences avec les fonctions supports. En Codir, on attendra d'elle qu'elle partage les problématiques et sollicite les feed-back de Franck et d'Arnaud. Dans les bilatérales avec Sonia, qu'elle suive le fil rouge de la réflexion sur son rôle pour mettre en place la réorganisation du réseau.

Imhrane n'a oublié qu'un contexte clé, le plus important : prendre régulièrement des moments pour elle où, seule, elle pourra réfléchir librement. Des moments de réflexion pour identifier les écarts entre ce qu'elle fait et ce qu'elle veut faire. C'est la condition élémentaire pour être capable de jouer son rôle en se détachant de ses habitudes et de ses émotions. Cela repose sur deux *soft skills* :

1. Prendre quelques minutes de recul dans le quotidien pour analyser et comprendre ses réactions dans les contextes clés identifiés.

2. Prendre chaque semaine un moment de prise de hauteur pour faire le point sur son rôle. Ce temps de questionnement à froid doit pouvoir l'aider à clarifier, contexte

clé par contexte clé, en quoi consistent les comportements à adopter pour jouer son rôle. Quand elle doute, si
elle se sent perdue, si l'émotion monte, elle doit pouvoir
répondre précisément à la question : « Qu'est-ce que j'ai
à faire ? »

Les registres de l'exercice du pouvoir

L'exercice du pouvoir, comme la gestion de l'incertitude, doit
passer par différents registres pour être garant d'efficacité.

Passons sur le pouvoir solitaire, tranchant et qui s'impose aux
autres. Il est basique et simple à pratiquer. En revanche, le pouvoir délégué, réparti, approprié par les équipes est plus complexe.
Il est parfois utile de prendre la décision et parfois plus subtil de
laisser un consensus émerger ou encore un tiers s'engager dans
une décision. Un pouvoir basé sur une seule personne peut
fonctionner pendant des années. Cependant, il expose et fragilise l'entreprise en la rendant trop dépendante de la personne en
question. L'exercice solitaire du pouvoir formate les acteurs en
exécutants. Il freine l'émergence de talents ou les fait fuir. Souvenons-nous du départ de Carlos Tavares de Renault (et de la
chute de Carlos Ghosn). Plus que tout, cette pratique du pouvoir
expose dangereusement l'entreprise aux erreurs du PDG à qui il
arrive nécessairement de se tromper. Souvenons-nous du Vivendi
de Jean-Marie Messier.

L'exercice efficace du pouvoir suppose que les intéressés sachent
par moments se mettre en risque personnel en prenant la ou
les décisions ; et dans des circonstances différentes, sachent au
contraire faire en sorte que la décision soit prise par leurs collaborateurs ou coéquipiers, en les accompagnant, mais sans qu'ils se
sentent sous influence. Le pouvoir s'exerce et se partage. Ce qui
est vrai pour le PDG l'est aussi pour chaque manager.

Expérimenter de nouveaux comportements et s'observer pour réguler ses automatismes

 L'exercice de l'influence

Standing ovation. Manuel vient de faire le discours de conclusion du séminaire annuel des managers. Il a admirablement alterné humour et propos sérieux, témoignage personnel et enjeux stratégiques, puis il a conclu par une envolée sur le sens du projet commun dans lequel chacun a sa place et sa responsabilité. L'auditoire est séduit, convaincu, et repart avec une motivation très forte. Manuel, épuisé par sa prestation, rayonne. C'est exactement le type d'exercice où il excelle et qu'il adore faire. D'ailleurs, il consacre une grande partie de son temps à aller voir les équipes sur le terrain, partout dans le monde, car son charisme déplace les montagnes. Tous les responsables de région le sollicitent, de même que les médias et les organisateurs de colloque. Il y répond volontiers, aimant le contact, les rencontres et les situations où il peut s'exprimer. Ses collaborateurs l'adorent. Chacun cherche à capter de son temps. Comme si la reconnaissance suprême était de faire partie de son premier cercle.

Sylvie, qui a entendu une partie du discours, applaudit Manuel et le prend à part pour lui annoncer une bonne nouvelle. Avant son départ, elle s'est mise d'accord avec le président pour qu'on lui propose la direction d'une business unit. *Manuel est très touché. Cela fait deux ans qu'il a fait cette demande à Sylvie et il n'a pas ménagé sa peine pour que ce projet se concrétise. Sylvie le félicite du chemin parcouru.*

Manuel est un professionnel reconnu de la communication et du numérique. Ingénieur au parcours classique dans les SSII, il a pris la vague du numérique à ses débuts. Il a été embarqué dans le développement du marketing et de la communication digitale ; son talent s'est révélé en communication et l'a porté naturellement vers des postes de dircom.

Il y a deux ans, il a été chassé pour prendre un poste de direction numérique dans une autre entreprise. Il s'était confié à Sylvie et ensemble ils avaient étudié les possibilités en interne. Ils s'étaient mis d'accord sur le passage à un poste opérationnel. Sylvie l'avait challengé sur son mode de leadership lié à sa personnalité. Elle avait souligné qu'au-delà de l'impact de ses prises de parole, le management d'une entité opérationnelle demande un leadership plus ouvert et à l'écoute. Manuel n'avait pas été surpris par la recommandation et s'était montré motivé pour enrichir son leadership.

Sûr de ses capacités d'adaptation, il avait demandé à prendre la direction d'un projet stratégique, tout en gardant la direction de la communication. Selon lui, sa motivation à évoluer et les contraintes imposées par le projet suffiraient à réussir « la transformation de son leadership ». L'objectif était simple à formuler : prendre le temps de comprendre ses interlocuteurs, et de challenger leurs propositions avant de prendre la parole pour les convaincre.

 **L'œil du psy**

Traits de caractère – Ouvert, convivial et positif, souriant, Manuel aime le contact humain. Il s'intéresse aux autres et apprécie qu'ils ressortent satisfaits des échanges avec lui. Un brin séducteur, il n'est pas à l'aise dans le conflit et a du mal à dire non. Acteur, il sait produire son effet sur son public, notamment en exprimant des émotions et en n'hésitant pas à faire référence à son expérience personnelle.

Émotions principales – Celle qui domine est le plaisir de plaire, l'excitation du feu des projecteurs, la mesure de son influence sur les autres, être aimé, donner des impulsions.

Représentations – Elles portent sur :

– L'amour : « *Il ne faut pas faire de la peine aux autres ; la gentillesse est une qualité importante ; il faut avoir des relations harmonieuses avec les autres.* »

– Le chef : « *Je suis un leader, mon rôle est de représenter l'entreprise ; je suis là pour inspirer et faire passer les messages essentiels et donner de la reconnaissance.* »

– L'efficacité : « *Elle repose sur les hommes, on ne leur consacre jamais assez de temps.* »

– La communication : *« Elle est fondamentale et au cœur de tout ; tout passe par l'image. »*

Toujours très engagé, Manuel s'était investi personnellement dans la phase de lancement du projet. Ses présentations dans les entités opérationnelles avaient rencontré un franc succès. Toute l'équipe était soudée autour de lui et il ne ménageait pas son temps pour soutenir et accompagner chacun en cas de difficulté. Cependant, quelques mois plus tard, il avait rencontré de sérieux problèmes pour concrétiser le projet. Il avait ressenti de plus en plus de résistance passive et dépensé de plus en plus d'énergie pour convaincre.

À l'époque, Elsa travaillait pour le marketing stratégique et avait été détachée dans son équipe projet. Il avait passé beaucoup de temps à lui expliquer les problématiques numériques. Mais elle, en retour, l'avait sévèrement mis en cause en tant que directeur de projet. « Que du baratin, rien de concret… » Elsa avait critiqué son management, ce que Manuel avait eu du mal à accepter. Sans la médiation de Sylvie, la tension aurait pu s'exacerber. D'ailleurs, Elsa avait sérieusement envisagé de quitter l'entreprise jusqu'à son repositionnement dans l'équipe de Quentin.

Contexte d'efficacité – Les managers et dirigeants influents sont souvent très puissants dans les dimensions inspirationnelle et émotionnelle. Ils attachent de l'importance aux relations avec les autres et cherchent à les comprendre. Entraînants et rassurants pour leur entourage, ils sont le point de mire, le panache blanc auquel tous se rallient.

Limites – Ils sont à l'aise dans la communication de type *top/down*, mais moins lorsqu'ils ne tiennent pas la scène. D'ailleurs, quand ils font parfois l'exercice d'être sur scène avec leur équipe rapprochée, ce sont eux qui parlent presque tout le temps. Dans les situations de crise où le contenu des messages est plus difficile à entendre, ils peuvent avoir des difficultés à s'adapter à ce type communication réaliste. Ne pas enjoliver, ne pas s'envoler dans l'enthousiasme leur est plus difficile. Enfin, ils sont confrontés à la question du renouvellement. Leur grande maîtrise de la communication peut devenir un mode d'expression trop codifié. Ils ont donc un risque de répétition, voire d'usure. Enfin, ces managers qui aiment tellement communiquer et rencontrer des gens en interne et en externe délaissent souvent les sujets de gestion ; les dimensions de contrôle et de suivi leur pèsent. Ils le font donc mal.

Pour Manuel, l'objectif était simple : en face-à-face, prendre le temps de comprendre ses interlocuteurs, de challenger leur proposition avant de prendre la parole pour les convaincre ; en réunion, se cantonner à une position d'animateur et de facilitateur. Mais emporté par le rythme de travail intense du lancement du groupe projet, il avait perdu toute lucidité sur ses comportements.

Très investi dans le suivi individuel, il n'avait pas eu conscience de la faiblesse de son écoute par rapport à l'énergie qu'il dépensait pour convaincre. Une bonne compréhension de ses habitudes et de leurs limites par rapport à son rôle dans la direction du projet n'avait pas suffi pour qu'il trouve la souplesse de s'adapter. De même, il avait bien identifié les situations où de nouvelles habitudes s'imposaient, mais sans réussir à atteindre son objectif.

Manuel a tiré plusieurs enseignements de cet épisode. Malgré sa motivation et un objectif de progrès bien défini par rapport à des situations précises, il avait sous-estimé la difficulté à évoluer. Il a passé trop de temps à convaincre alors que l'objectif affiché était de prendre le temps de comprendre. Surtout, il n'a jamais pris suffisamment conscience de ses automatismes pour réussir à les réguler. Pire, il a rapidement oublié de penser à son objectif.

Six mois après l'incident avec Elsa, Manuel a participé à un cycle de formation de coach dispensé par l'ESSEC Business School. Dubitatif au début, puis convaincu par une ancienne dircom de son entourage, il s'était lancé dans ce cursus pour s'approprier les deux compétences pratiques qui lui avaient fait défaut dans le management de l'équipe projet : la maïeutique pour comprendre et l'auto-observation pour se réguler (voir figure 5.3).

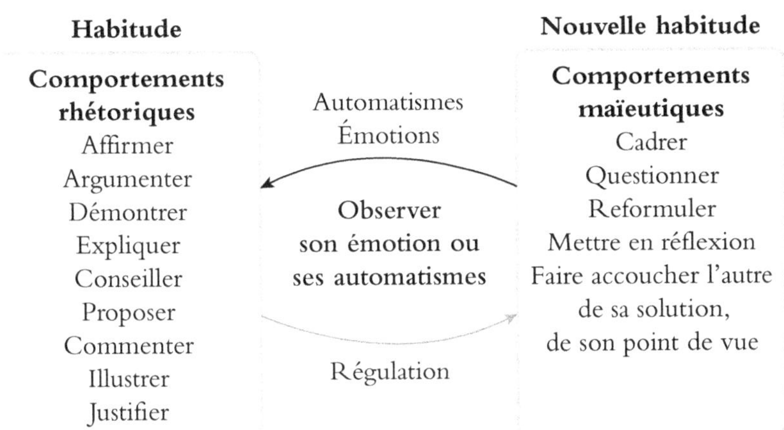

Figure 5.3 – S'observer pour réguler ses comportements

Il a ainsi découvert une méthodologie basée sur l'utilisation de grilles de lecture et de compétences pratiques issue de la psychologie scientifique. Cette approche développe une connaissance dynamique de soi en combinant de manière itérative un questionnement sur les besoins d'adaptation et une organisation personnelle pour développer de nouvelles habitudes. C'est sur ce deuxième point que Manuel avait complètement fait l'impasse.

La prise de conscience et la motivation ne suffisent pas toujours pour mettre en application nos bonnes résolutions. Ancrer un nouveau comportement est un apprentissage. Avant de passer en pilote automatique, il faut prendre le temps d'apprendre. La première étape, parfois suffisante pour réussir l'apprentissage, est de s'habituer à penser à son objectif pour le mettre en œuvre. La plupart des échecs du développement de nouvelles habitudes s'expliquent tout simplement par l'oubli de cette condition indispensable : penser à le faire. Pris dans le feu de l'action, on se laisse porter par ses habitudes antérieures.

« Penser à le faire » demande une organisation personnelle. Chaque matin sur son trajet, Manuel a pris l'habitude de consacrer quelques minutes à parcourir son agenda. Il choisit son terrain d'entraînement. Dans quelle situation, avec qui, sur quel sujet, va-t-il s'entraîner à prendre 2 minutes pour comprendre ?

Pense-bête, rappel, Post-it, gommette rouge sur le smartphone, à chacun sa méthode pour y penser. En début d'après-midi, Manuel procède au débriefing. Qu'a-t-il observé de ses comportements automatiques pendant son entraînement ? A-t-il réussi à se réguler pour revenir à son objectif ? Comment peut-il progresser dans son observation ? Briefing/débriefing : Manuel est entré dans le cercle de l'amélioration continue (voir figure 5.4).

Figure 5.4 – Connaissance de soi dynamique

Phase de questionnement
- Prise de hauteur
- Prise de recul
- Mesure des écarts et prise de conscience
- Définition de son objectif

Phase d'organisation personnelle
- Penser à son objectif
- Mener les expérimentations tout en s'observant
- S'auto-débriefer

Les registres de l'exercice de l'influence

On peut exercer de l'influence de façon externe par la communication, mais aussi de façon plus intérieure par la maturation et la réflexion. Dans le premier cas, la force du message et l'expression qui s'incarnent dans un personnage mobilisent un élan. Celui-ci peut très vite retomber dans des circonstances où la vie quotidienne ne correspond pas à ce qui a été exprimé.

L'autre type d'influence passe par la maïeutique. Le manager pose les conditions de la réflexion dans un cadre donné et pousse ses collaborateurs à élaborer une stratégie d'action. Les acteurs construisent eux-mêmes progressivement les bases de leur adhésion. Leur niveau d'implication est beaucoup plus fort. C'est la base de la motivation intrinsèque.

Souvent, les grands communicants surestiment l'adhésion à leur personne et n'ont ni le savoir-faire ni l'envie d'influencer autrement. Or ils ont besoin de ces différents registres selon les circonstances.

Manuel a surmonté son habitude rhétorique. Il éprouve de plus en plus de plaisir à l'usage de la maïeutique. Il lui reste à doser l'usage de cette seconde habitude pour trouver le bon équilibre avec la première.

La connaissance dynamique de soi est une itération qui assure notre adaptabilité : prendre du recul, prendre de la hauteur, dépasser les résistances pour développer de nouvelles habitudes, se réguler pour garder l'équilibre.

Comment utiliser ses émotions pour prendre du recul et réguler ses comportements ?

 L'usage du temps

Quentin a beaucoup hésité avant d'accepter la proposition de Sylvie de la remplacer au poste de secrétaire général. Imhrane était très partagée. L'un comme l'autre a de plus en plus de mal à équilibrer vie personnelle et vie professionnelle. Quels que soient leurs prochains postes, cela risque de ne pas s'arranger. Mais c'est une occasion qui pourrait ne pas se représenter, Quentin a donc fini par accepter. Il ressent beaucoup d'enthousiasme et une pointe d'inquiétude. Ses amis proches l'ont beaucoup encouragé. Ils sont unanimes, le poste est fait pour lui. Pour autant, il sait que le sujet crucial va être la gestion de son temps. Quentin a déjà essayé de travailler sur ce sujet, mais sans grand succès. À chaque fois, la pression le rattrape et il se désorganise. C'est plus fort que lui. En fait, il cède à ses propres pressions émotionnelles qui ont des effets sur ses comportements. Peut-on vraiment se détacher de ses émotions ?

 L'œil du psy

Les registres du rapport au temps – Le temps est devenu la denrée la plus rare de notre vie quotidienne. L'environnement est plein de sollicitations et le fonctionnement des organisations multiplie les contraintes, les réunions notamment. Sans oublier le flux d'informations dont il faut faire le tri.

Dès lors, la gestion du temps se fait par la charge émotionnelle. Pourquoi traitons-nous nos mails en réunion ? Simplement parce que nous répondons à une sollicitation émotionnelle supérieure à celle que nous procure la réunion. Ces émotions peuvent d'ailleurs être positives ou négatives, peu importe. L'émotion nous met sous pression et mobilise notre attention. Dire que l'on n'a pas le temps de faire ceci ou cela, c'est admettre que ces tâches ne sont pas aussi importantes que nos autres obligations. Autrement dit, elles ne suscitent pas chez nous suffisamment d'émotions pour nous mobiliser et faire passer telle activité avant telle autre.

Outre ce niveau émotionnel général qui nous conduit de façon implicite à hiérarchiser, s'ajoutent les émotions spécifiques à notre relation au temps. D'abord l'impatience… Celle-ci est sur-valorisée. L'individu impatient répond à l'exigence d'aller vite. Comme l'un des enjeux de la compétitivité est la rapidité, l'impatient paraît adapté. Il réduit les délais de tous, pousse toujours pour avoir des réponses immédiates, exige de chacun d'être très réactif et maintient une pression qui semble indispensable pour gagner face aux compétiteurs.

Ensuite, le besoin d'être dans l'action pour canaliser l'anxiété. Rien n'est plus producteur d'anxiété que l'inaction. Attendre, avoir besoin de temps pour mûrir une décision, devoir laisser ses interlocuteurs faire leur propre chemin peut être très difficile pour certains individus chez lesquels la tension monte. Le temps qui n'est pas rempli est ressenti comme un vide qu'ils combattent en permanence. Ne se rendant pas compte de la pression émotionnelle qui s'exerce sur eux, ils agissent, à leur insu, pour faire baisser la tension.

À l'inverse, l'anxiété peut aussi être un inhibiteur de l'action. Ce sont les procrastineurs qui préfèrent attendre qu'agir. Pour ceux-là, c'est le passage à l'acte qui est angoissant. Ayant tendance à ne pas choisir, ils se gardent toujours plusieurs options ouvertes qu'ils ne referment qu'au tout dernier moment. Les conséquences sur leurs équipes et l'ensemble de l'organisation n'entrent pas en considération. Leur pression interne est plus forte. Ils utilisent le temps pour se dire qu'ils peuvent toujours changer, revenir en arrière, tenir compte d'un tout dernier paramètre pour basculer du côté opposé.

Ces émotions qui régulent notre usage du temps sont parfois déterminantes à notre insu, tant dans notre organisation de travail et nos modalités de décision, que dans nos relations avec notre entourage. L'enjeu est évidemment de les repérer afin de comprendre ses propres inclinations pour ne pas s'y laisser enfermer.

Comment utiliser ses émotions pour faire évoluer ses habitudes ?

Chez Quentin, l'impatience déclenche des comportements pour gagner du temps : aller vite, faire plusieurs choses à la fois, abréger une discussion. Le manque de temps peut induire l'inquiétude d'être en retard, la crainte de dépasser un délai, la préoccupation de ne pas pouvoir tout faire. Si quelque chose l'empêche d'accélérer, s'il subit un contretemps, il ressent de l'agacement. Inversement, chaque fois qu'il a l'impression de gagner du temps en allant vite, il ressent de la satisfaction.

Les émotions se traduisent par des manifestations physiques. Par exemple, quand Quentin est impatient ou agacé, il peut observer une tension dans ses muscles, une tendance à remuer, une respiration plus courte, une fréquence cardiaque plus élevée, des réactions brusques. Les émotions s'observent à travers des réactions comportementales et des réactions physiques.

Pour se détacher de ses émotions, Quentin commencera par s'organiser pour s'observer. Sur un carnet ou sur son smartphone, il prendra l'habitude de noter les moments où il ressent de l'impatience. Ensuite, il reprendra à froid ses notes pour prendre du recul sur ses réactions (voir figure 5.1). L'analyse de ses comportements et de leurs conséquences lui indiquera quelles habitudes développer pour une meilleure gestion du temps. En cas d'impatience, il doit pouvoir répondre précisément à la question : « Qu'est-ce que j'ai à faire ? »

Ainsi, l'attention portée aux émotions devient-elle une ressource pour adapter ses comportements. Chaque fois que l'émotion monte, elle peut servir de signal pour réfléchir. Plus la situation est chargée émotionnellement, plus Quentin aura besoin de s'appuyer sur une vision claire de son rôle et des comportements à mettre en œuvre. C'est ce que font les spécialistes de la gestion de crise ou les urgentistes : la solidité du cadre d'intervention et la précision des procédures permettent de se détacher des émotions les plus intenses.

Utiliser ses émotions pour évoluer nécessite de combiner trois *soft skills* : prendre de la hauteur pour clarifier son rôle, prendre du recul pour analyser et comprendre ses comportements, observer ses émotions pour adapter ses comportements dans l'action.

Observer les résistantes relationnelles : observer la relation, comprendre les motivations et les comportements des autres

 La relation aux autres

L'équipe dirigeante est un peu désarçonnée. Le nouveau patron, Franck, arrive de l'extérieur. Auréolé d'une réputation d'excellent stratège, il a un style bien différent de son prédécesseur Bruno. Ce dernier était tout en convivialité. Très proche de tous les membres de son équipe, il cultivait cette proximité, y compris en dehors du champ professionnel, n'hésitant pas à inviter les uns et les autres chez lui. Toujours disponible, l'oreille attentive, il mettait un point d'honneur à créer une atmosphère harmonieuse. Tous les ans, le séminaire du Comex était un rituel où les temps travail et de loisirs collectifs étaient largement équilibrés et où les conjoints étaient invités en fin de séjour. Certes, il n'était pas le roi pour trancher ni pour gérer les désaccords, sujets qu'il évitait. Mais tout le monde l'aimait bien.

Avec Franck, plus rien d'informel. Toutes les rencontres sont organisées à l'avance et on n'y aborde que les points de l'ordre du jour. On sait très peu de choses de lui ; d'ailleurs, il est peu présent sur les réseaux sociaux. Le style est tranchant et mieux vaut avoir bien préparé ses dossiers lorsqu'on vient le voir. Il ne prête aucun intérêt aux questions personnelles. Comme il le répète, on n'est pas là pour être sympathique les uns avec les autres, mais pour avoir des résultats.

Sonia, sa DGA, tire la sonnette d'alarme. Depuis six mois, l'ambiance au siège s'est refroidie. Chacun, individuellement, remplit parfaitement ses missions, mais la réussite de la fusion nécessite d'aller bien au-delà de la performance silo par silo. Franck écoute, prend des notes sans réagir. Sonia propose de bâtir un projet pour développer la coopération entre les fonctions supports du siège dont elle est la responsable et le réseau commercial. Imhrane, de son côté, donne sa vision vue des agences. Elle propose la mise en place d'un projet pour réorganiser le fonctionnement entre le réseau et les fonctions supports du siège. Comme Sonia et Imhrane s'y attendaient, Franck ne montre pas d'enthousiasme. Il questionne méthodiquement les plans d'action, prend le temps de l'analyse et propose de réaborder la question au prochain Codir pour prendre une décision.

 ## L'œil du psy

Traits de caractère – Franck fait partie de ces dirigeants solitaires. Ils ne font jamais complètement confiance. Peu expansifs, ils préfèrent ne pas montrer ce qu'ils pensent et encore moins ce qu'ils ressentent. Soupçonneux, ils cherchent à détecter les intentions malveillantes ou ce qu'on pourrait leur cacher. Ils vérifient et croisent les informations, car ils doutent toujours de ce qu'on leur dit. Très à l'affût, il est rare qu'ils se fassent surprendre.

Émotions principales – C'est la méfiance à l'égard des autres et envers leurs propres émotions qui domine. Ils tentent dans la mesure du possible de rester à distance de celles-ci. Inquiets, ils guettent et anticipent ce qui pourrait arriver.

Représentations – Elles portent sur :

– La retenue : « *Il ne faut pas montrer ses sentiments, lorsqu'on se dévoile, cela peut se retourner contre vous.* »

– La distance : « *On ne peut jamais avoir totalement confiance en quelqu'un.* »

– Le résultat : « *Ce qui compte c'est ce que les gens font, pas ce qu'ils disent.* »

– L'anticipation : « *Il faut toujours rester vigilant, si on ne veut pas se laisser surprendre.* »

Contexte d'efficacité – Ce type de dirigeant excelle dans les contextes où les relations émotionnelles et affectives débordent l'entreprise. Les relations ayant pris le pas sur l'efficacité, tout est interprété à l'aune des sentiments du chef. La distance naturelle de ces personnalités permet de remettre la question de l'efficacité au cœur des préoccupations. Ce type de manager peut aussi avoir une valeur spécifique dans les situations très instables comme les fusions ou les restructurations. Alors qu'une grande partie de l'énergie des uns et des autres passe dans les couloirs et les rumeurs, il aura tendance à recadrer pour remettre le système en ordre. Dans les contextes moins exceptionnels, il fonctionnera mieux dans les relations individuelles, en restant au centre. Cela peut très bien fonctionner, sauf quand les enjeux requièrent des collaborations transversales.

Limites – En ne faisant jamais confiance, ces managers ne pourront pas obtenir le meilleur de leurs équipes. Pour le rassurer, celles-ci le mettent au courant de tout, renforçant ainsi son système relationnel nécessairement très centralisé. De même, ils ne parviendront pas à créer d'esprit d'équipe ; ils attiseront au contraire la rivalité entre les acteurs. Cela induira un fonctionnement en silo et des conflits sur tous les sujets où les territoires se chevauchent. Enfin, l'absence de confiance supprime la prise de risque et, avec elle, l'initiative et l'innovation.

> *Franck revoit Sonia et Imhrane pour leur faire un retour sur leur projet. Il n'est pas très chaud. Leur proposition va mobiliser beaucoup de directeurs et, avec tous les déplacements, cela va leur prendre beaucoup de temps. Pourtant, il a pris la décision d'accepter le lancement de leurs projets. Franck perçoit que ses collaboratrices ont des capacités relationnelles qui lui font défaut. Le charisme d'Imhrane qui lui donne une autorité sur les équipes. La facilité relationnelle de Sonia qui fait que tous l'apprécient. Il commence à comprendre que cela pourrait le limiter dans sa carrière.*

Les registres de la relation aux autres

La relation à autrui est l'ingrédient fondamental de toutes les activités du manager. C'est probablement celui qui est le plus lié à la personnalité. Méfiance, rivalité, gentillesse, agacement, besoin d'être aimé, mépris, culpabilité, peur, plaisir… La liste des émotions potentielles qui influencent la façon d'être en relation avec les autres est sans fin.

S'ajoute aussi à nos représentations (liées à nos expériences, notre éducation et nos traits de personnalité) le ressenti spécifique du lien créé avec une personne. Celle-ci nous charme par son humour et sa décontraction, alors qu'un autre la perçoit comme peu fiable, voire fausse. Autrement dit, la relation est avant tout composée d'émotions. Le fait que l'on apprécie quelqu'un ou pas tient avant tout à notre ressenti. C'est le meilleur indicateur pour connaître notre situation relationnelle avec un tiers : que ressent-on à la perspective de voir cette personne ?

Le mécanisme relationnel est donc en grande partie subi par les acteurs. Chacun, influencé par son ressenti, rationalise sa perception de l'autre. C'est l'un des facteurs majeurs de complexité des organisations qui, n'étant plus régulées par un cadre hiérarchique strict, s'appuient de plus en plus sur la qualité des relations entre les acteurs. Avec l'injonction de s'entendre avec son entourage. Chacun fait comme il peut à partir de son expérience. Mais on constate souvent un manque de savoir-faire, tant pour analyser les éléments du jeu relationnel, que pour développer ses propres compétences relationnelles.

Comment dire à son chef que son attitude a blessé ? Ne pas lui dire, c'est induire un risque de distance et de méfiance : tout sera fait pour éviter que cela se reproduise. Le lui dire de travers, c'est prendre le risque qu'il s'agace encore plus. Le développement des compétences relationnelles est un pilier fondamental de la contribution des managers. Non pas sous la forme d'une formation ponctuelle, mais comme un processus permanent qui permet de comprendre ses propres mécanismes et d'enrichir son registre de compétences.

Franck se maîtrise parfaitement. Prise de hauteur, prise de recul, tout est mis en équation, jamais d'écarts. Il joue son rôle à la perfection. Il a toujours un coup d'avance. Il s'observe et se contient parfaitement. Pas de perte de temps ni de digression, tout est préparé, sans laisser de place à l'improvisation. Il éprouve du plaisir dans la maîtrise de la mise en œuvre de sa stratégie. Par habitude, il exclut la dimension relationnelle. Il se cantonne à un mode de relation instrumentale. Chaque interlocuteur est considéré et utilisé pour ses compétences, mais sans prendre en compte ce qu'il est en tant qu'individu. Il crée de l'inquiétude et de la prudence chez ses interlocuteurs et ne donne pas envie de travailler avec lui. Dans les face-à-face avec lui, « tout est cadré. Il n'y a jamais d'échanges à bâtons rompus. Il écoute sans interrompre, puis il pose des questions et ensuite il explique son point de vue et on doit prendre des notes », disent ses interlocuteurs.

Observer la relation

Franck aurait intérêt à s'entraîner à observer la relation dans la durée et la répartition des temps de parole. L'observation de la dynamique des échanges est très importante. Les échanges se font-ils sur un rythme stable, rapide lent, variable ? Le contenu est-il spontané, préparé, improvisé, décousu ? Par l'observation, Franck peut créer de la souplesse relationnelle en introduisant de la variété par rapport à ses habitudes. Quand il observe qu'un échange est trop posé ou trop structuré, à lui de trouver de la souplesse dans sa communication. Il pourra relancer ses interlocuteurs ou les interrompre. Il pourra raisonner à voix haute, jouer sur différents rythmes. Et plus il développera sa souplesse, plus il y trouvera du plaisir (voir figure 5.5).

Figure 5.5 – S'observer et développer une connaissance dynamique de soi

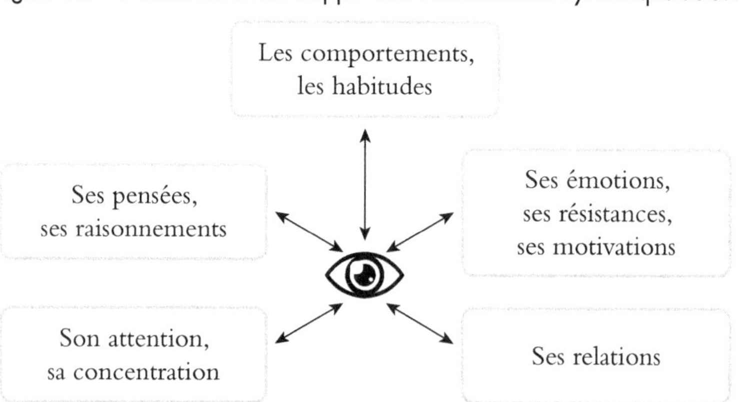

S'il limite sa relation aux compétences, il restreint considérablement la qualité relationnelle. Pour aller plus loin, il doit accepter d'investir du temps pour l'informel. Un temps sans objectif purement professionnel. Cela suppose de parler de soi et de s'intéresser à l'autre pour ce qu'il est en tant qu'individu. Parler de soi, c'est partager sur un mode anecdotique aussi bien ce qui nous amuse ou nous passionne que ce qui nous agace ou nous déçoit. Cet échange est la base de la complicité et du plaisir relationnel. Comprendre ce qui provoque des émotions chez l'autre et partager les siennes. Plus on connaît l'autre, plus les capacités d'empathie se développent et plus la capacité de se connecter efficacement à l'autre est grande.

Pour entretenir sa souplesse, il faut cultiver sa lucidité à travers l'observation de soi et de ses relations aux autres.

COMPRENDRE L'INFLUENCE DE L'ÉMOTION SUR LES COMPORTEMENTS

Au-delà du constat classique selon lequel les qualités sont aussi des défauts, les managers doivent prendre conscience que leur principale limite est en eux-mêmes. Leur ego, leurs émotions positives comme négatives les piègent. C'est tout l'enjeu de comprendre que nous avons successivement des comportements émotionnels et des comportements stratégiques (voir figure 5.6).

Figure 5.6 – Comportement stratégique ou comportement émotionnel

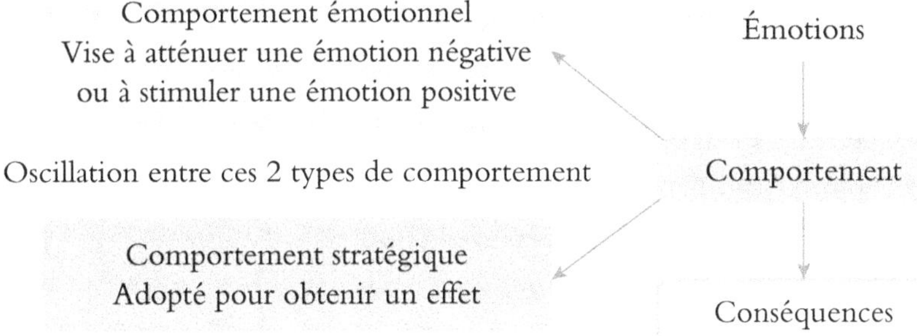

S'il est illusoire de penser que nous pourrions être stratégiques en permanence, il est en revanche souhaitable de chercher à l'être, dans les moments cruciaux surtout. Cela suppose une vigilance permanente et surtout une relation à soi heuristique et d'amélioration continue. Heuristique, car nous sommes en découverte continue de ce que nous sommes. Nous pensons nous connaître, mais le champ de nos représentations et de nos émotions est beaucoup plus vaste que celui qui nous est familier. Il s'agit donc de rester en questionnement par rapport à nos propres réactions, en dialogue avec nous-même sur nos ressentis. Une relation à soi d'amélioration continue, parce que cette exploration ne doit pas s'arrêter ; elle permet en effet de progresser. C'est parce que je comprends le mécanisme de ma colère face à mes collaborateurs, qui n'ont pas fait ce que je leur avais demandé, que je peux essayer de ne pas toujours réagir de la même façon. L'un de nos risques, à mesure que nous progressons en compétences et en expériences, est de reproduire ce qui a marché, comme ce qui n'a pas marché. La reproduction nous éloigne de la souplesse et de l'adaptabilité. Celles-ci supposent de cultiver la connaissance de soi pour trouver les ressources et ressorts qui permettent de faire face aux situations de façon adéquate.

DÉVELOPPER DES COMPORTEMENTS STRATÉGIQUES

Il y a des situations où nos comportements sont très stratégiques. L'enjeu de la situation étant bien mesuré, nous restons concentrés sur nos objectifs. C'est souvent le cas du manager qui se trouve en situation commerciale. Pendant tout le rendez-vous, il est parfaitement contrôlé. Quelle que soit la réaction de son interlocuteur, il ne lâche pas son objectif de vente. Même surpris, voire déstabilisé, il reste concentré sur l'essentiel. Le même, quelques heures plus tard en réunion avec ses collègues, peut parfaitement avoir un comportement émotionnel d'agacement qu'il regrettera par la suite.

La différence entre les deux situations est que dans la première le manager connaît son objectif et sait parfaitement ce qu'il a à faire pour l'atteindre. Dès lors, il a beaucoup moins de risque d'entrer dans un comportement émotionnel. Bien souvent, celui-ci survient par surprise, lorsqu'on est pris dans un mode répétitif ou par des activités quotidiennes et qu'on n'a pas eu le temps de réfléchir à ce qu'on avait à faire à ce moment précis. L'émotion peut être déclenchée par un mécanisme interne, une pensée, une préoccupation, une envie ou par un événement externe. L'esprit n'étant pas occupé par le contrepoids d'un objectif précis à poursuivre, le champ est ouvert aux émotions qui prennent alors le contrôle de l'action. Le piège est de se laisser porter par l'habitude, sans prendre de recul sur ce que l'on a à faire, comme nous le décrivions plus haut.

Les leviers d'action sont les outils du manager ; ils se matérialisent à travers ses comportements. Ceux-ci résultent d'influences internes (personnalité, représentations, émotions) et d'interfaces externes. Au fur et à mesure de son expérience, le manager acquiert des habiletés. Elles sont indispensables, mais pas suffisantes. Il doit en permanence comprendre ce qui le fait agir pour élargir son registre de compétences comportementales. Car son efficacité et son adaptabilité dépendent de cette capacité à enrichir sa palette.

Les leviers d'action permettent au manager d'apporter de la valeur ajoutée. Reste à savoir laquelle. La valeur ajoutée est en effet multiple, changeante et très différente selon les circonstances et l'endroit où se trouve le manager. Dès lors, il est fondamental qu'il sache à chaque moment en quoi et comment il peut apporter cette valeur. C'est ce que nous allons voir dans la troisième partie.

À retenir et à partager

- Pour jouer son rôle, le manager ou le dirigeant dispose de différents leviers d'action (exercer le pouvoir, influencer, gérer le temps, relation aux autres, etc.).
- Mais il les utilise souvent de la même manière sous l'effet de sa personnalité et de ses automatismes.
- La souplesse adaptative consiste à élargir son répertoire d'attitudes afin d'adapter son comportement aux situations.
- Cela suppose une prise de recul et une posture de questionnement.

Et vous ?

Vous arrive-t-il de vous sentir en porte-à-faux par rapport la situation dans laquelle vous vous trouvez ?

Réagissez-vous souvent de la même manière, quel que soit le contexte ?

Avez-vous remarqué le nombre de fois où vous avez coupé la parole à vos interlocuteurs ?

Depuis quand n'avez-vous pas pris 5 minutes pour bavarder dans le couloir ?

PARTIE 3

La valeur ajoutée du manager de demain

Le changement de paradigme dans lequel se trouvent les entreprises et leurs collaborateurs est inédit. Il induit un large éventail de tensions, d'injonctions contradictoires, de soubresauts. Et une nécessité très nouvelle : le manager a d'abord à se préoccuper de ses propres ressources psychiques, en permanence menacées d'être saturées, débordées, manipulées. À supposer qu'il acquière cette liberté psychique, il peut alors s'interroger sur la manière d'apporter de la valeur en tant que manager. Les deux prochains chapitres ont justement pour vocation de l'accompagner dans cette réflexion. D'abord, en mobilisant cette mise en perspective pour penser l'entreprise dans laquelle il travaille (chapitre 6), puis en y définissant son rôle pour agir en conscience et y apporter sa valeur ajoutée, tout en mesurant son impact (chapitre 7).

Chapitre 6

Penser l'entreprise

Tout dans l'entreprise pousse à agir. Plus encore, à agir vite. D'ailleurs, les discours des dirigeants ont volontiers comme thème central l'agilité. Le complexe des paquebots vis-à-vis des vedettes rapides que sont les start-up accentue encore cette urgence du temps. Ajoutons que l'action a un effet anxiolytique. Face au monde VUCA (volatile, *uncertain*, complexe, ambigu) penser est angoissant et agir rassure. Cette illusion d'avancer apaise, du moins à court terme.

Or, précisément, jamais l'entreprise n'a eu autant besoin d'être pensée afin de mettre du sens et de la cohérence pour les équipes. Mais aussi pour disposer d'un cadre commun auquel se référer dans les soubresauts successifs auxquels elle est soumise. Si agir rassure à court terme, ne pas avoir de sens inquiète profondément sur le fond. Dès lors, l'action devient addictive. Un substitut pour se calmer, sans jamais réellement y parvenir.

Revenons à l'essentiel de ce qu'est une entreprise. On pourrait dire qu'il s'agit d'un groupe d'individus auxquels on donne des moyens pour réussir un projet rentable et durable. L'enjeu premier est de construire un modèle efficace et qui le reste au gré des aléas rencontrés. Cette efficacité suppose d'intégrer différentes dimensions indispensables à ceux qui la mettent en œuvre au quotidien : les salariés.

Cohérence et authenticité sont les deux mots-clés. En effet, l'entreprise est rarement avare de discours sur sa vision, sa mission, son modèle managérial, ses valeurs, etc. En fait, la plupart du temps, il s'agit de purs produits de marketing interne ou d'une conformité au « politiquement correct » managérial, mais sans aucune incarnation sur le terrain, ni le moindre effet sur l'orientation de l'entreprise et les comportements.

INSPIRATION, RAISON, ÉMOTIONS : LES TROIS DIMENSIONS À PRENDRE EN COMPTE

Les entreprises doivent considérer et intégrer trois dimensions essentielles (voir figure 6.1). La première est inspirationnelle. Elle concerne le sens. Il s'agit de donner à chacun le sentiment qu'il fait quelque chose d'important et d'utile et qu'il participe à un projet dont il peut tirer de la fierté. La deuxième dimension est rationnelle. C'est l'adéquation entre les moyens et les objectifs, les ressources et les enjeux, les pratiques et les discours, les modes de management et les principes énoncés. Inversement, la somme des incohérences et des irritants engendre chez les collaborateurs un sentiment d'absurdité, voire de cynisme à l'égard de leurs dirigeants. Enfin, la troisième dimension est émotionnelle. Quels types d'émotions l'environnement professionnel provoque-t-il chez les salariés ? Si toutes sortes d'émotions peuvent se succéder au cours d'une même journée, la tonalité émotionnelle générale est fondamentale.

Figure 6.1 – Les trois dimensions managériales

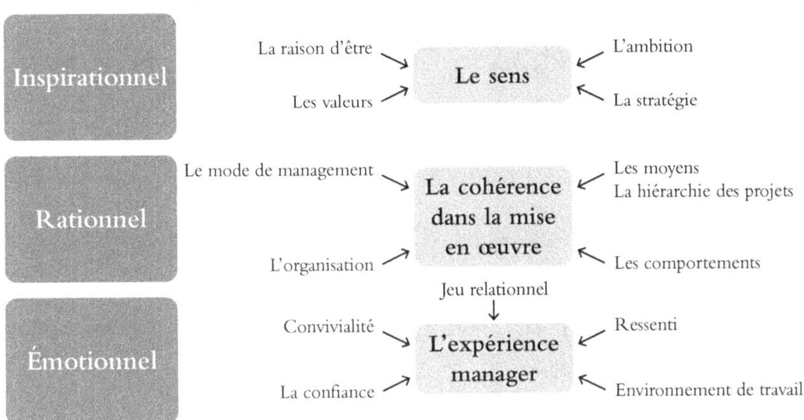

1. Penser la dimension inspirationnelle

En quoi l'entreprise fait-elle rêver, donne-t-elle du sens à ce qui est réalisé au quotidien, procure-t-elle le sentiment que l'on participe à quelque chose de plus grand et de plus essentiel que sa simple contribution ? Les entreprises sont très inégales sur ce plan. Certains dirigeants comme Emmanuel Faber chez Danone se sont fait remarquer par la puissance inspirationnelle de leur discours. À l'inverse, dans bien des entreprises, la logique financière est parfois la seule justification aux efforts demandés aux équipes.

La question de l'utilité et du sens émerge au XXIe siècle en réaction à un capitalisme purement inscrit dans le principe d'enrichissement des actionnaires. B Corp a ainsi vu le jour en 2006[58] aux États-Unis en réaction à cette conception étroite et purement financière du travail. C'est aujourd'hui un label. Les entreprises qui veulent l'obtenir doivent se donner pour objectif de prendre en compte les intérêts des quatre parties prenantes que sont les actionnaires, les salariés, l'environnement et les clients de l'entreprise. Ce mouvement s'est développé progressivement

---

58. Juliette Ihler, « "B Corp", le nouveau label des entreprises engagées pour le bien commun », *Slate*, 3 avril 2015 ; http://www.slate.fr/story/99733/b-corp-la-bel-entreprise

dans le monde entier ; en Europe, il compte environ 250 entreprises certifiées, dont une quarantaine en France. Parallèlement, cette prise de conscience a débouché sur la création de statuts juridiques spécifiques, sans avantage fiscal, mais permettant aux entreprises d'inscrire d'autres buts que celui unique de l'intérêt des actionnaires, ce qui n'était pas le cas jusqu'à présent (voir encadré 6.1).

Encadré 6.1 – Ailleurs, des statuts particuliers pour la RSE[59]

Aux États-Unis, les entreprises qui le souhaitent ont, selon les États, le choix entre trois statuts permettant de défendre un « intérêt public » ou une cause ; et surtout de protéger les dirigeants d'attaques éventuelles d'investisseurs estimant que les décisions de gestion ont limité la rentabilité de leur investissement (*fiduciary duties*) :

• La Benefit Corp : le Maryland a été le premier État à adopter ce statut en 2010, suivi par une trentaine d'autres. Deux mille entreprises environ ont ainsi inscrit leur ambition de défendre un *public material benefit* (PMB), assorti ou non d'un *special purpose*. Un organisme indépendant évalue chaque année les résultats en fonction du PMB affiché.

• La Social Purpose Company : la Californie est pionnière avec l'introduction en 2012 de ce statut destiné plutôt aux grandes entreprises qui peuvent ainsi prévoir dans leur statut un ou plusieurs *special purpose* qui fera l'objet d'une communication aux actionnaires. Il existe également dans l'Indiana, Washington, Floride et Texas.

• La Public Benefit Corporation : introduite dans le Delaware en 2013, est un mix entre les deux statuts précédents avec évaluation interne tous les deux ans. Danone a annoncé son intention de regrouper ses activités américaines sous ce statut.

En France, tout commence (et finit souvent) par un rapport. Ici, celui qui nous intéresse est le rapport « Entreprise, objet d'intérêt collectif » de Jean-Dominique Sénard et Nicole Notat remis au

---

59. Giuletta Gamberini, « Les statuts d'entreprise "élargie" à l'étranger », *La Tribune*, 12 février 2018 ; https://www.latribune.fr/entreprises-finance/les-statuts-d-entreprise-elargie-a-l-etranger-767991.html

ministre de l'Économie au printemps 2018[60]. De son ambition de placer la responsabilité sociale de l'entreprise (RSE) au centre de la stratégie, le gouvernement a retenu l'idée d'ajouter à l'article 1833 du code civil que l'entreprise doit être « gérée dans l'intérêt social, en prenant en considération les enjeux sociaux et environnementaux de son activité ». L'article 1835 indique, et c'est une véritable nouveauté, que « l'objet social peut préciser la raison d'être de l'entreprise constituée ». Enfin, le code de commerce (articles L. 225-35 et L. 225-64) serait également modifié afin que le conseil d'administration ou le directoire détermine les orientations de l'activité de leur société « conformément à son intérêt social, en considérant ses enjeux sociaux et environnementaux ». Ces propositions font l'objet de l'article 61 du projet de loi pour la croissance (Pacte), discuté au Parlement à l'automne 2018.

De son côté, l'Afep a révisé son code en juin 2018. Il est désormais précisé en tête de ses missions que le conseil d'administration « devra s'attacher à promouvoir la création de valeur à long terme en considérant les enjeux sociaux et environnementaux de ses activités[61] ».

Bref, à la française, l'intention se traduit par un certain flou de nature à alimenter le débat entre forces progressistes et conservatrices pour n'aboutir sans doute qu'à peu de choses. Mais le plus important est de savoir que le sujet est lancé, qu'il est présent dans les esprits et qu'il progressera au gré de la prise de conscience et des événements. Le rapport Sénard-Notat n'est peut-être pas au centre des préoccupations des collaborateurs. En revanche, ils sont très concernés par la question du projet de leur entreprise, de son utilité et de ce qu'elle apporte au monde. À ne pas confondre

---

60. Nicole Notat, Jean-Dominique Senard, Jean-Baptiste Barfety, « L'entreprise, objet d'intérêt collectif », La Documentation française, mars 2018 ; http://www.ladocumentationfrancaise.fr/rapports-publics/184000133/index.shtml

61. « Code de gouvernement d'entreprise des sociétés cotées » ; http://www.afep.com/wp-content/uploads/2018/06/Code-Afep_Medef-r%C3%A9vision-du-20-juin_VF.pdf

avec les activités parallèles à impact social. Danone, par exemple, a créé en 2007 Danone Communities pour financer des entrepreneurs sociaux engagés dans la lutte contre la malnutrition et le développement de l'accès à l'eau potable, et en 2008, Veolia a lancé une coentreprise avec la Grameen Bank, pour distribuer de l'eau potable au Bangladesh [62].

Construire une inspiration collective

L'inspiration collective est une ambition dont la finalité dépasse l'intérêt propre de l'entreprise et de ses actionnaires. C'est un but noble, utile, mais pas utilitaire. Total, entreprise en première ligne sur la question du réchauffement climatique, exprime l'ambition de « devenir la major de l'énergie responsable ». Elle dit vouloir « fournir une énergie au meilleur coût, disponible et propre ». Et donc « fournir l'énergie à une population en croissance et limiter l'impact du changement climatique ». Cette ambition fait sens si, évidemment, les choix stratégiques sont en lien. En l'occurrence, l'entreprise met en avant qu'elle produit plus de gaz que de pétrole et qu'elle investit massivement dans les énergies renouvelables, la production et le stockage d'électricité.

Tout l'enjeu de l'élaboration de cette inspiration est de maintenir un lien direct avec les activités de l'entreprise ; d'être crédible tout en étant ambitieux en termes d'utilité pour le monde. L'entreprise exprime par là sa participation à la construction d'un monde meilleur. Elle fait de chaque collaborateur un acteur de cet engagement. Engagement, ou plutôt intention qui ne doit être ni trop précise ni trop floue.

Pour la construire, le mieux est de mener une grande réflexion collective qui mobilise le plus d'acteurs possible. En effet, le sujet ne doit pas être porté par les seuls dirigeants, voire assimilé à la personnalité du patron, comme chez Danone évoqué plus haut. Sinon le projet se réduit à une croisade personnelle au lieu d'être une ambition collective.

---

62. Voir aussi : C. K. Prahalad, *4 milliards de nouveaux consommateurs : vaincre la pauvreté grâce au profit*, Village Mondial, 2004.

Bien souvent, les ambitions relèvent davantage des slogans marketing que d'une réelle orientation porteuse de sens vérifiables par les collaborateurs. Le risque, bien sûr, est qu'il ne s'agisse que d'un pur exercice de communication donnant à l'entreprise une coloration sociétale, accompagnée de quelques actions prétextes, mais bien mises en valeur. Pour que l'inspiration collective existe vraiment, elle doit imprégner les décisions essentielles de la direction afin de montrer que l'orientation choisie est suivie au plus haut niveau. Les dirigeants doivent également expliciter à intervalles réguliers en quoi leurs décisions se réfèrent à cette orientation.

Instiller des valeurs

L'inspiration collective ne se limite pas à une ambition. Elle comporte aussi des valeurs. Celles-ci se composent de quelques principes comportementaux qui caractérisent l'identité de l'entreprise. Les valeurs forment un corpus commun issu de son histoire et souvent influencé par les fondateurs. C'est un socle que l'entreprise choisit de préserver quoi qu'il arrive. En somme, c'est un code commun stable qui permet aux acteurs de savoir qu'ils font partie d'un même ensemble qu'il est nécessaire de s'approprier si l'on souhaite s'intégrer.

Elles sont un code de conduite, une référence, « l'étoile Polaire » comme disent les Anglo-Saxons, guidant le management dans la prise de décision complexe. De même que l'ambition, les valeurs ne doivent pas ressortir du seul désir des dirigeants, mais de l'ADN collectif tel qu'il est perçu par la plupart des collaborateurs. À quoi tient-on qu'on ne veut pas lâcher ?

Un contresens fréquent sur les valeurs consiste à ne pas s'appuyer sur l'identité de l'entreprise que l'on souhaite préserver, mais à y insérer des principes que l'on souhaiterait voir émerger. Ainsi, dans un grand groupe qui revoyait son corpus de valeurs, le PDG a tenu à ajouter le courage. Sauf qu'il ne s'agissait justement pas d'une caractéristique des salariés de ce groupe. Dès lors, elle sonnait faux. Les valeurs ne sont pas ce que l'on veut changer, mais au contraire ce que l'on ne veut pas changer.

Mettre du sens dans le quotidien de chacun

Au-delà de l'inspiration, créatrice de lien par un sentiment d'appartenance à un projet fort qui rend fier, le sens se trouve aussi dans le quotidien. En quoi le collaborateur participe-t-il par son travail à une action importante ? La reconnaissance et la valorisation des tâches sont bien sûr essentielles. Montrer à chacun qu'il joue un rôle dans le travail d'ensemble a toujours été une préoccupation du management. Mais l'enjeu est encore plus important aujourd'hui dans la mesure où, comme nous l'avons vu dans la première partie, le sens se perd facilement dans la complexité et la précipitation qui conduisent à faire et à défaire au gré des circonstances.

C'est pourquoi il est bon de faire réfléchir régulièrement les collaborateurs sur leur contribution à l'ambition de l'entreprise. Cette réflexion peut se faire de façon individuelle et collective. Inviter les équipes à afficher leurs contributions sur un site dédié permet par exemple de mettre en scène la fierté et de la valoriser.

En plus du besoin de trouver du sens à leur travail, les acteurs sont de plus en plus demandeurs de progression, pas nécessairement pour construire une carrière linéaire à laquelle ils croient de moins en moins. C'est notamment le cas des plus jeunes qui ne s'inscrivent pas dans une perspective longue avec l'entreprise qui les emploie. Ce détachement apparent renforce cependant leur exigence d'apprentissage et de progression. Leur travail prend sens s'ils ont le sentiment d'acquérir savoir et savoir-faire. C'est une des raisons pour lesquelles ils contribuent volontiers à des *hackathons*, par exemple. Mobilisés pendant 48 heures, ils sont en compétition par équipe pour trouver une solution à un problème. Outre l'aspect ludique (mais tout de même très contraignant), ils savent qu'à cette occasion ils progresseront. Beaucoup d'écoles et d'entreprises proposent ces événements collaboratifs, tellement bien passés dans les mœurs que même la Banque de France a le sien. Depuis 2017, elle propose tous les ans à « des équipes mixtes interentreprises de déconstruire ce qui ne marche plus en entreprise et d'intégrer des solutions plus fun, plus osées, plus efficaces… ».

Pour qu'elles vivent, il est aussi nécessaire que les valeurs s'inscrivent dans le quotidien, à commencer par le recrutement et la validation de la période d'essai. Les nouveaux arrivants doivent connaître les valeurs de leur employeur et savoir que leur entourage va en observer la mise en œuvre pendant leur période d'essai. Cet exercice est tout aussi utile à l'intégration des nouveaux arrivants qu'aux observateurs qui peuvent ainsi réfléchir à ce que signifie la mise en œuvre d'un corpus souvent théorique. La discussion qui s'ensuit entre les différents observateurs est une bonne illustration de l'inscription des valeurs dans le quotidien des salariés. Des valeurs vivantes sont l'objet de débats entre les acteurs sur ce que signifie leur application. Il ne suffit pas de les afficher.

L'ambition est ce vers quoi l'on va ensemble et à quoi on contribue ; les valeurs expriment comment on y va. Ambition et valeurs conjuguées doivent être une véritable source de fierté pour les collaborateurs.

La dimension inspirationnelle porte les acteurs ; elle les élève. Encore faut-il que le quotidien ne les plombe pas.

2. Veiller à la dimension rationnelle

Le sens est un moteur, s'il n'est pas contredit au quotidien dans la mise œuvre du projet de l'entreprise. Il s'agit donc de mettre en cohérence l'ambition collective et les différentes dimensions qui constituent le quotidien des collaborateurs. Au jour le jour, trois plans différents s'interfacent. Ce sont d'abord les enjeux business qui se traduisent pour chacun par des objectifs, des priorités, des plans d'action et souvent des changements à mettre en œuvre. Ces objectifs sont déclinés de haut en bas, chacun ayant sa part à réaliser pour consolider le but commun. C'est ensuite le fonctionnement collectif, c'est-à-dire la manière dont les acteurs utilisent les principes organisationnels. Enfin, ce sont les comportements des acteurs.

Au cœur de ce dispositif se trouve le management. En effet, les managers sont là pour faire en sorte que les objectifs soient atteints, en adaptant le fonctionnement collectif aux enjeux et en ayant l'influence nécessaire sur les comportements individuels pour les mettre en phase avec ce fonctionnement.

La source première du malaise des collaborateurs naît d'une rigidité souvent méconnue : alors que les objectifs changent régulièrement, que l'organisation est bouleversée à chaque arrivée d'un nouveau dirigeant, ni le fonctionnement collectif ni les comportements ne sont réajustés. Ne parlons pas des styles de management souvent gravés dans le marbre d'une charte groupe, révisée tous les dix ans, qui fixe tout ce que les managers ont à faire.

Autrement dit, on change les deux paramètres que sont les objectifs et l'organisation, sans mettre en cohérence les trois autres que sont l'usage de l'organisation (fonctionnement collectif), les comportements individuels, et bien sûr le style de management (voir figure 6.2).

Figure 6.2 – Le modèle d'efficacité intégré (MEI)

Enjeux business
Description des principales marches à franchir dans les deux ou trois ans à venir pour atteindre les objectifs

Les principes de management

Fonctionnement collectif
Principes et règles qui régissent :
• les interfaces entre les entités,
• le fonctionnement des équipes
et qui ont besoin d'évoluer

Comportements des collaborateurs
Quels sont les principaux comportements qui doivent évoluer ?

Cette construction qui relie d'une part les étapes à franchir pour atteindre les objectifs business, d'autre part le fonctionnement collectif et enfin les comportements individuels, constitue un modèle d'efficacité spécifique à l'entreprise. Il permet à chacun de comprendre ce qu'il a à faire et ce sur quoi il doit progresser.

Ce qui favorise un alignement des acteurs au quotidien. Le mode de management en est issu. Car le rôle du management est de garantir cette cohérence entre les différentes dimensions.

Le modèle d'efficacité se construit en partant des enjeux stratégiques à court terme et en précisant les étapes à franchir pour les réaliser.

Comment une bonne stratégie peut échouer du fait de la résistance au changement

 Au plus près du client

Une banque de détail se donne pour objectif d'être leader de la relation client. Elle doit préciser les changements auxquels procéder pour y arriver. Ce peut être de réorienter l'ensemble des acteurs d'une focalisation sur le produit à une focalisation sur le client. Il s'agira alors de changer les indicateurs de performance, de décentraliser la prise de décision pour qu'elle se fasse au plus près du client, de faire évoluer les fonctions plus volontiers régaliennes que de prestation de service pour ceux qui sont au contact du client, de faire progresser le système d'information pour permettre à ceux qui sont au contact des clients d'offrir un service de qualité, etc.

Comme toute la banque est construite pour fonctionner sur un modèle basé sur le produit, les évolutions ne doivent pas s'arrêter à la seule organisation. C'est pourtant ce qui se fait généralement : une mission de conseil définit le nouveau mode d'organisation et des plans d'action sont mis en place pour la déployer, parmi lesquels la décentralisation du niveau de décision. Ce qui bien sûr n'arrive pas. Car cela suppose une modification du comportement des acteurs et du mode de management de toute la chaîne hiérarchique.

Sans être clairement défini, puis accompagné, le changement ne se fait pas. Les acteurs de terrain, habitués depuis des décennies à s'abriter derrière des process et les ordres de leurs chefs, ne se mettent pas en risque de prendre des responsabilités. Ce qui arrange bien leur ligne hiérarchique qui se sent dévalorisée dès que son avis n'est pas sollicité. Et chacun de rester sur des comportements antérieurs devenus incompatibles avec l'objectif stratégique.

Les résultats n'étant pas au rendez-vous, les tenants de la stratégie-produit retrouvent des arguments. Rien ne marche mieux que de fabriquer des produits, puis de pousser les forces de vente pour qu'elles engagent les clients à les acheter. Ils reprennent les vieilles recettes qui ont fait leurs preuves, par exemple l'organisation de challenges impliquant l'ensemble des conseillers clientèle. Et, comme souvent, les bonnes vieilles recettes donnent des résultats de court terme. Démonstration est ainsi faite qu'il ne faut surtout rien changer.

Certes, tout le monde répète que la stratégie client est la bonne. Tout en insistant sur l'indispensable rentabilité à court terme et donc sur la nécessité de conserver des actions centrées sur le produit. Et… rien ne change, si ce n'est le discours qui induit une contradiction supplémentaire. Les dindons de la farce sont ceux qui ont changé en tentant vraiment d'appliquer la stratégie client. On ne les reprendra plus à croire au changement.

C'est ainsi qu'avec une bonne stratégie et une intention de départ sincère, on fait triompher ceux qui ne veulent rien changer et on induit de la résistance chez les autres. C'est pourquoi, au-delà de l'énonciation des enjeux stratégiques et des changements qu'ils entraînent, il est indispensable de préciser le nouveau modèle d'efficacité permettant de les réaliser. Chacun doit en effet pouvoir comprendre en quoi il a besoin d'évoluer personnellement.

Définir le nouveau modèle d'efficacité intégré (MEI)

L'élaboration du modèle qui pose les principes d'une nouvelle logique doit être menée de façon collective. Elle commence en général par les dirigeants. Non pas pour respecter l'ordre hiérarchique, mais parce que ce temps de réflexion est aussi celui de la conviction.

Plus les acteurs contribuent à bâtir le modèle d'efficacité, plus ils y adhéreront et prendront à cœur de le mettre en œuvre. Or souvent les dirigeants sont ceux qui ont le plus de mal à changer. S'ils conceptualisent très bien les principes et leur déploiement, faire évoluer leur propre comportement est une autre affaire.

Il s'agit en effet de l'écart entre la conviction et la mise en œuvre du changement sur soi-même. C'est un des domaines où les dirigeants sont les plus fragiles. D'où la nécessité d'avoir une équipe qui les accompagne avec autorité et bienveillance. Au moins, en participant à la conception du modèle sur le plan théorique, ils se convaincront de son utilité.

Enfin, l'expérience prouve que la contribution des acteurs de terrain enrichit et complète utilement la vision des dirigeants par des points de vue différents. Sans oublier que la participation des collaborateurs à la réflexion favorise l'appropriation du nouveau modèle.

Déploiement et suivi

Une fois le modèle d'efficacité posé, après plusieurs allers et retours entre les dirigeants et leurs équipes, l'enjeu est de le faire entrer dans le quotidien de chacun. Cela suppose un travail à la fois en équipe et individuel. Le travail en équipe consiste à reprendre les trois axes que sont les objectifs business, le fonctionnement collectif et les comportements, pour préciser la manière dont ils s'appliquent concrètement au contexte des équipes.

Autrement dit, chaque équipe élabore de nouveau son propre modèle d'efficacité au sein de celui général de l'entreprise. Elle se concentre sur l'étape principale à franchir pour ce qui la concerne. Elle précise en quoi son fonctionnement collectif doit évoluer, tant dans ses interfaces avec les autres équipes qu'en son sein. Et elle explicite le ou les comportements sur lesquels ses membres doivent évoluer le plus. Chaque équipe définit un cadre qui lui est spécifique, toujours en cohérence avec le cadre général, mais contextualisé.

La question de l'évolution comportementale se pose simultanément à chaque acteur. À partir du référentiel contenu dans le modèle d'efficacité interne, celui-ci aura à définir les éléments sur lesquels il pense pouvoir progresser. Dans un premier temps, il s'agira pour chacun de s'évaluer et de déterminer un objectif de progrès à partir d'un questionnement guidé. Une formation collective sur le changement comportemental permettra ensuite à l'équipe d'acquérir une méthode commune.

Cette double action permet de jouer à la fois sur la dynamique collective (tout le monde met en place un changement qui le concerne) et individuelle (chacun progresse sur son sujet personnel). L'effet collectif est utile pour encourager chacun à faire des efforts et dédramatiser le changement comportemental qui devient ainsi une évidence pour tous. Le fait de nommer les comportements cibles et d'entraîner chaque personne à se donner des objectifs d'amélioration contribue à dédramatiser la nécessité de progresser dans ce domaine. En effet, la plupart des acteurs ont une attitude défensive dès qu'on leur parle de leurs comportements à partir d'une grille de lecture morale (bien ou mal) plutôt que fondée sur un référentiel d'efficacité.

L'évolution des mentalités est essentielle pour faire gagner en agilité l'ensemble de l'organisation.

La puissance de la mise en œuvre du modèle d'efficacité se trouve dans le suivi. Celui-ci doit s'inscrire dans une routine ponctuée de rendez-vous réguliers : intégration du suivi dans les réunions déjà existantes ; établissement d'un calendrier et de critères à atteindre ; mesure de la perception du changement par l'environnement. Pour ce dernier point, il est important de banaliser l'utilisation des systèmes de *cross-evaluation*, tant individuels que par équipes, afin que chacun puisse ajuster ses comportements en fonction de l'effet qu'il produit.

Enfin, il s'agit d'intégrer le nouveau modèle d'efficacité dans les outils quotidiens du manager. Cela suppose donc que tous les outils fournis par les RH évoluent afin de refléter celui-ci de façon claire. Il en va des supports de type entretien annuel qui encouragent l'échange entre les managers et leurs collaborateurs, mais aussi bien sûr des outils tels que le 360° feed-back, les grilles d'évaluation de la performance, les critères de sélection des hauts potentiels, etc.

On l'aura compris, le MEl est un support permettant à chacun de penser la rationalité de son entité, en cohérence avec l'ensemble de l'organisation et de ses interfaces. Chaque manager peut ainsi apporter de la valeur en mettant en perspective pour chacun de ses collaborateurs ce qu'il a à faire dans son quotidien, tout en l'inscrivant dans un mouvement collectif qui fait sens.

Simplification et irritants

Le souci de cohérence dans la vie quotidienne des équipes passe également par une attention portée à ce qu'il est convenu d'appeler les irritants. La plupart sont le produit des process imposés par les fonctions centrales des grands groupes. Leur accumulation est un frein à la mise en œuvre de la mission des acteurs de terrain.

Une bonne façon de raisonner (qui a été théorisée dans les modèles d'agilité) est de partir du client. Et donc de considérer que ceux qui le servent en direct sont les premiers acteurs de l'entreprise, les autres départements devant être à leur service. Cela signifie que les acteurs en contact avec le client ont non seulement la légitimité pour faire remonter les différentes contraintes et les dysfonctionnements auxquels ils sont soumis, mais qu'ils doivent aussi être entendus. Dès lors, les fonctions centrales sont évaluées tout autrement. Elles ne sont plus, en effet, au service de la centralité de l'entreprise, c'est-à-dire des dirigeants, mais à celui des acteurs qui servent le client. C'est le principe des organisations dites circulaires, mais aussi de certains praticiens du Lean management[63].

3. Impulser une tonalité émotionnelle et des comportements

Une fois que les équipes perçoivent du sens et qu'elles trouvent de la cohérence dans le fonctionnement quotidien, encore faut-il qu'elles aient les ressources émotionnelles qui leur donnent idées, envie et énergie. Car en amont des comportements, les émotions jouent un rôle encore plus central (voir figure 6.3).

---

63. Voir notamment *La Stratégie Lean, op. cit.*

Figure 6.3 – Les liens entre les comportements et les émotions[64]

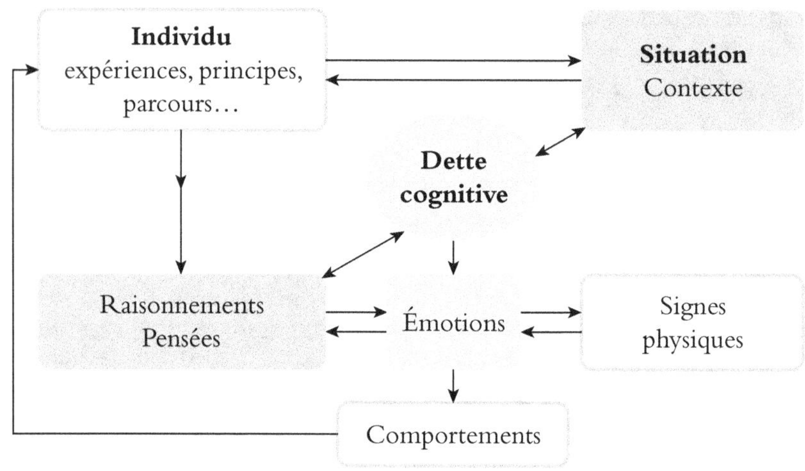

Créer des émotions négatives, rien de plus facile

Les émotions produisent des effets directs sur les comportements. Ici encore, l'enjeu est de garantir une cohérence entre ce qui est recherché et attendu des collaborateurs et ce qui est induit par la ligne hiérarchique. Celle-ci n'a souvent pas de difficulté à produire des émotions négatives. Lorsqu'il s'agit, par exemple, d'instaurer un climat d'insécurité dans un contexte de menace de licenciements, chacun sait y contribuer en alimentant les rumeurs ou en reproduisant les comportements des dirigeants. Lorsqu'il faut créer de la méfiance, il suffit de peu de choses pour enclencher un cycle de suspicion mutuelle. Ou encore, rien de plus simple que de mettre les acteurs en rivalité. C'est ce qu'autrefois, on appelait pudiquement l'émulation, et qui reste très pratiqué.

Chacun à sa façon, par le fait d'être tourné sur lui-même, d'adopter des comportements de domination ou d'intimidation, de

---

64. Ce tableau présenté dans nos ouvrages précédents (*Le Manager est un psy, Le Manager durable, au lieu de motiver mettez-vous donc à coacher*) montre que nos comportements sont sous l'influence de nos émotions. Celles-ci sont provoquées par les situations, mais alimentées par nos schémas cognitifs. Plus on considère que la dimension comportementale est importante, plus on doit tenir compte des émotions.

chercher avant tout à se préserver, favorise plus ou moins directement la diffusion d'émotions négatives. Certes, les dirigeants ont un rôle déterminant car la chambre d'écho de leurs attitudes est d'emblée amplifiée. Mais chacun porte une part de responsabilité dans la diffusion de cette atmosphère émotionnelle.

Et alors ? N'est-ce pas la reproduction dans le monde du travail de la comédie humaine éternellement rejouée ? Certes, mais si l'on admet l'existence d'un lien entre les émotions et les comportements, la question est de savoir si cette ambiance favorise l'émergence des comportements que l'on souhaite. Admettons que la méfiance et la rivalité ne favorisent ni le travail en équipe ni la collaboration. La peur induit de la discipline, parfois de l'ardeur au travail, mais éteint toute velléité de prise de risque. Dès lors, pas de prise d'initiative, de responsabilité ou d'idée nouvelle.

Dans un environnement de peur, le jeu est plutôt celui de la « patate chaude ». Comme dans ces équipes au sein d'une banque où certains managers demandent à leurs collaborateurs de gérer des dossiers délicats sans leur envoyer de mail de confirmation. L'objectif étant de ne jamais risquer d'être mis en cause si une mauvaise décision est prise. On est donc loin des fameux comportements que toutes les entreprises recherchent : prise de responsabilité, prise d'initiative, nouvelles idées et jeu collaboratif.

Ces comportements-là n'émergent collectivement que dans un environnement où les acteurs se sentent suffisamment en confiance, où ils ont envie de faire les choses. C'est tout l'enjeu de créer une dynamique émotionnelle positive. Mais la tâche est plus difficile et demande beaucoup plus de persévérance que pour les émotions négatives. S'il suffit d'une réprimande un peu agressive d'un chef pour glacer ses équipes, il faut bien des preuves installées dans le temps pour construire une relation de confiance.

Les bases d'un environnement émotionnel positif

L'émotion est avant tout un phénomène intime. Chacun la ressent sans décider son apparition. Pour autant, des facteurs de contexte favorisent parfois l'émergence et la cristallisation d'émotions collectives. De plus, chacun peut apprendre à agir sur ses émotions et ne pas simplement les subir. La dimension émotionnelle étant centrale, les managers doivent apprendre à jouer sur ce paramètre. C'est d'ailleurs la raison de la création de cette nouvelle fonction de Chief Happiness Officer. Il n'est pas certain qu'il faille confier cette responsabilité à une seule personne, mais il est évident que cette dimension doit être prise en compte (voir chapitre 2).

De bonnes conditions de travail, nécessaires mais pas suffisantes

Considérons que l'entreprise a fait l'exercice d'élaboration d'un projet donnant du sens à ses collaborateurs et qu'elle a défini le MEI qui apporte de la cohérence à leur quotidien. L'un des premiers leviers pour donner envie aux salariés et leur permettre de s'épanouir au travail n'est autre que le cadre de travail.

Ce n'est pas un hasard si c'est un domaine qui a été particulièrement investi par les GAFA. Leurs campus sont réputés pour la qualité de leur environnement, la beauté du décor, le confort, la facilité de restauration et de pratique sportive, etc. Les salariés y trouvent tout ce dont ils peuvent rêver, tant en termes de qualité des outils de travail que d'aménagement de lieux parfaitement ergonomiques. Tous les espaces sont beaux. Ils sont multiples et parfaitement adaptés aux usages. Rendez-vous deux à deux, créativité à dix, concentration seul, échange téléphonique, détente, restauration, sieste, sport, etc. Tout est prévu. Certains employeurs vont même jusqu'à créer des cadres de travail si agréables qu'ils ont vocation à manquer aux collaborateurs le week-end : le travail offre parfois un environnement plus plaisant que le domicile. La qualité du cadre est certes importante, mais elle ne suffit pas. Chacun a pu faire des expériences négatives dans des lieux magnifiques. Créer un environnement positif suppose de prêter attention à d'autres dimensions qui relèvent de l'attitude des acteurs.

Indispensable qualité relationnelle

L'un des changements majeurs des nouvelles formes de travail est que la relation n'est plus régulée par un cadre organisationnel qui prédéfinit les interfaces. Elle doit s'inventer au fil de l'eau avec une multitude d'acteurs caractérisés par leur diversité. Cette spontanéité et cette liberté nouvelles supposent aussi des compétences nouvelles. Car la relation est avant tout faite d'émotions.

Chacun produit de l'émotion sur l'autre et en ressent. Or la maîtrise de l'effet induit est très variable selon les personnes. Le risque est une dégradation de la relation. Avec pour conséquences des échanges immédiatement interprétés avec suspicion et le blocage des acteurs qui se rigidifient. Dès lors, chacun dépense une énergie considérable à gérer ou à canaliser les contrariétés induites par la relation dysfonctionnelle. La relation devient un terrain de confrontation où sur chaque sujet l'enjeu n'est pas de faire avancer le dossier, mais de prendre le dessus.

Parmi les compétences de base, le feed-back est essentiel. Il permet à celui qui ressent des émotions de les exprimer et à celui qui les a provoquées, de comprendre pourquoi. Or, à juste titre, échanger des feed-back fait peur : peur de blesser l'autre, peur d'être attaqué par l'autre, peur de sortir des apparences lisses. La plupart des acteurs trouvent donc tous les prétextes pour rester dans un non-dit pudique et confortable à court terme, tout en ruminant son ressentiment. Dans certains environnements, ne jamais se dire les uns aux autres ce que l'on ressent est un usage établi, comme si cette expression était une indécence inacceptable.

La qualité relationnelle relève de la culture d'entreprise. Cela suppose de développer des compétences relationnelles et de vérifier qu'elles sont mises en œuvre au quotidien.

Ce sont les managers qui donnent le « la ». Ils doivent être des experts de la relation. À deux titres. D'abord en faisant ce travail sur eux-mêmes qui leur permettra de comprendre comment créer et entretenir des relations de qualité avec leur environnement. C'est une compétence qui s'acquiert et se cultive tout au long de la vie. Ensuite en entretenant leur capacité d'observation, de compréhension et d'influence du jeu relationnel autour d'eux. Ne pas laisser s'installer des nœuds relationnels est au cœur de leur valeur ajoutée de manager.

L'objectif est de créer une culture de soutien social. C'est-à-dire un environnement dans lequel chacun sait qu'il trouvera du soutien autour de lui : une oreille attentive et bienveillante dans le cas d'expériences éprouvantes, une aide dans des moments de surcharge ou de difficulté pour résoudre un problème, du support technique lorsque c'est nécessaire. La culture de soutien est une culture de l'aide mutuelle. Chacun sait qu'il peut compter sur les autres et que les autres comptent sur lui.

Cela suppose que la performance collective passe avant la performance individuelle. Le problème que l'autre rencontre peut parfois devenir plus important que les miens et m'inciter à abandonner momentanément mes tâches pour m'investir sur celles du collaborateur ou collègue que je peux aider. La qualité du soutien est le premier facteur permettant aux acteurs de faire face au stress et de créer une expérience positive.

Au-delà de la culture de l'aide, des compétences à développer telles que le feed-back et le rôle des managers, il importe de donner du temps à la relation. Favoriser la convivialité, par exemple, et donner à chacun pour objectif explicite de connaître les personnes de son entourage en font partie.

La gestion de l'erreur, cadre de la confiance

Pas une réunion de managers sans qu'émerge une revendication de « droit à l'erreur ». En réalité, il est assez curieux de considérer l'erreur comme un droit. Un droit, comme les congés payés ! L'erreur ne se situe pas dans le registre du droit, mais dans le champ du fonctionnement normal de chaque individu. Dès lors, pourquoi est-il nécessaire d'inscrire dans le droit ce qui se produit de toutes les façons ? Probablement pour se rassurer face à un risque.

En fait, ce sont les modalités de la sanction de l'erreur qui sont en cause. Depuis l'école, l'erreur est gérée sur le mode de la réprimande. L'hypothèse est que la pression et la peur auront pour effet d'élever le niveau d'attention et d'éviter par conséquent que l'erreur ne se reproduise. S'y ajoute un vieux fond judéo-chrétien de la juste punition pour celui qui l'a commise.

Ce qui fonctionne peut-être sur quelques élèves est bien loin de la réalité de l'entreprise. Au travail, il est indispensable de s'arrêter pour réfléchir avec les acteurs concernés à ce que l'on peut apprendre d'une erreur. On décodera comment le rapport au temps, la prégnance de certaines préoccupations, l'incompréhension entre les acteurs et bien d'autres paramètres conduisent à se tromper. Et surtout, on se déculpabilisera vis-à-vis des erreurs. Se tromper est utile et même indispensable pour progresser. Plutôt que d'éviter, de cacher l'erreur et de culpabiliser face à elle, il faut développer une culture de la progression.

Ce rapport à l'erreur détermine la question de la confiance. L'attitude négative vis-à-vis de l'erreur est liée à la crainte des réactions qu'elle suscite autour de soi. Ce peut être une simple désapprobation visant à provoquer la honte. Mais c'est toujours une façon d'assimiler l'erreur à la faute (d'ailleurs combien de fautes faisiez-vous à la dictée ?).

L'erreur provoque au minimum de la déception, souvent de l'irritation, voire de la colère. Face à ces émotions, la facilité lorsqu'on est en position hiérarchique est de les reporter sur un coupable. Puis de se calmer en punissant. Le tout en ayant en plus le sentiment de bien jouer son rôle de responsable. Ce faisant, on installe une culture de la faute plutôt que de l'erreur. Cette dernière perd son aspect heuristique, celui d'aide à la découverte, pour devenir une faute qui appelle la sanction.

Il est donc primordial d'apprendre aux managers à gérer leurs propres émotions et à distinguer la faute (qui est très rare) de l'erreur (qui est fréquente). D'autant qu'ils sont souvent partie prenante de l'erreur de leurs équipes : objectifs flous ou contradictoires ou impossibles à atteindre ; équipes qui n'ont pas été écoutées dans leurs difficultés techniques ou leur surcharge ; tensions relationnelles qui conduisent à se décharger des responsabilités plutôt que de chercher des solutions aux problèmes. Bref, tout ce que le manager n'a pas voulu voir et prendre en compte et qui participe de l'erreur.

La confiance débute lorsque face à l'erreur, le manager lui-même s'inclut dans la problématique comme un acteur au même titre que les autres. Il montre ainsi qu'il en profite lui aussi pour apprendre et progresser. Notons ainsi la vogue des *failcon*, ces conférences où les CEO des anciennes et nouvelles start-up viennent vanter leurs échecs et montrer comment ils leur ont été utiles pour la suite. La France a désormais la sienne sous le nom de re.start, une manifestation fondée en 2018 par Naima El Guermah, Haïba Ouaissi, Rémi Raher et David Ringrave, l'auteur de *Réussites françaises*[65]. D'ailleurs, les investisseurs anglo-saxons et leur entourage considèrent volontiers qu'un dirigeant n'est fiable que s'il a déjà vécu au moins un véritable échec.

La réunion, symptôme du déficit de confiance transversale

Qui n'a pas assisté à une réunion où une vingtaine de personnes autour de la table font autre chose sur leur tablette, et qui se termine sans prendre de décision ? La réunionite exaspère, mais personne ne semble capable d'y remédier. Certes, les consultants ne manquent pas de diffuser les méthodes pour faire de bonnes réunions, pourtant il semble que cela ait peu d'effet.

Ces réunions sont le symptôme d'un déficit de confiance entre les acteurs. Ils y viennent en force (plusieurs par entité représentée) et ne s'intéressent qu'à la protection de leurs intérêts. Ils sont donc souvent là pour empêcher que le sujet avance, car toute avancée présente des risques et des inconvénients. Ces réunions

---

65. David Ringrave, *Réussites françaises*, The Book Maker, 2018 ; Yves Vilagines, « David Ringrave : "Entreprendre est une forme de courage" », *Les Échos*, 20 septembre 2018 ; https://business.lesechos.fr/entrepreneurs/communaute /0302251287716-david-ringrave-entreprendre-est-une-forme-de-courage-323482.php

ont donc pour fonction de faire exactement le contraire de ce qu'elles affichent. Elles servent à maintenir le statu quo.

Avant de s'attaquer au symptôme du déficit de confiance, il convient de travailler sur les modalités de rétablissement de celle-ci. Notamment à travers le principe de délégation horizontale. Je délègue un pouvoir à un pair qui a la responsabilité de tenir compte de mes contraintes.

Célébrer

La célébration est une réjouissance collective. C'est un moment où, à l'occasion d'un succès, les acteurs sont invités à partager une émotion positive. La célébration montre que le succès n'est pas une évidence. Elle honore et valorise ceux qui y ont contribué. Elle crée des rituels de moments conviviaux. Elle redonne une dynamique positive à tous. Alors pourquoi ne célèbre-t-on pas plus souvent ?

Parce que la plupart des managers se laissent envahir par les préoccupations et considèrent qu'il vaut mieux se concentrer sur les difficultés en cours. Pire, à force de célébrer les succès, on pourrait donner la « grosse tête » à ceux qui ont réussi, voire les encourager à demander augmentations ou primes. Donc, concentrons-nous sur ce qui ne va pas et rappelons aux équipes leurs imperfections pour les secouer. Ici encore domine la représentation implicite que les émotions négatives sont plus dynamisantes que les émotions positives. Mieux vaut la peur et la pression que l'envie et la motivation.

Une bonne façon de garantir une dynamique positive de célébration est d'en confier l'organisation à un groupe transversal de salariés volontaires. Autrement dit, d'en décharger la ligne managériale qui n'a souvent ni la disponibilité d'esprit ni la créativité pour organiser des moments de célébration.

Développer des compétences liées à la psychologie positive

Cette dynamique fondée sur les émotions positives ne dépend pas seulement du contexte, du management ou de l'environnement.

Chacun y a sa part. Créer un environnement émotionnel positif dépend de chaque collaborateur, quelle que soit sa fonction. Il est fondamental de diffuser cette culture de coresponsabilité, car si ce qui est proposé plus haut n'est pas accompagné de coresponsabilité, le risque est de mettre les acteurs en position infantilisante : tout est fait pour favoriser une ambiance positive, mais si quelque chose déplaît, les collaborateurs se focalisent dessus et expriment mécontentement et mauvaise humeur. C'est pourquoi il est essentiel de sensibiliser l'ensemble des acteurs et de leur proposer de se former.

La psychologie positive est une branche de la psychologie scientifique, née à la fin du XXe siècle, qui s'intéresse aux moyens de rendre les individus acteurs de leur bien-être et de leur bonheur. Elle nous dit notamment qu'un des enjeux est d'avoir un ratio de trois émotions positives pour une négative. Certes, on ne décide pas de ses émotions positives. Néanmoins, on peut les cultiver. Si on n'y prend pas garde, les émotions positives sont noyées dans le flux de notre activité, alors que les négatives sont ruminées. Par exemple, au cours d'une réunion, on a lancé de nouvelles idées qui ont été reprises, on a appris de nouvelles choses, mais on ne retient que la remarque désobligeante de son collègue. Et pendant toute la journée suivante, on s'interroge sur les raisons qui lui ont fait dire cela et la manière dont on le contrera la prochaine fois. Se concentrer sur ce qui nous procure des satisfactions, plutôt que de ressasser ce qui nous contrarie, suppose un entraînement et un savoir-faire.

En outre, la formation à l'entretien des émotions positives montre à chacun sa part de responsabilité dans son sentiment de bien-être individuel, l'incite à ne pas attendre que tout vienne de son environnement et lui apprend comment rayonner autour de lui. Car rien n'est plus contagieux que la bonne ou la mauvaise humeur. Quand chacun se braque sur ce qui ne va pas et le communique aux autres, c'est une traînée de poudre de mécontentement qui se diffuse. L'effet collectif est l'amplification des réactions individuelles. À chacun de prendre conscience de son rôle, tant pour lui que pour l'impact qu'il a sur les autres.

Cette formation aux émotions peut offrir plusieurs types de contenus : compréhension de la marge de manœuvre personnelle dont on dispose pour faire face aux événements ; capacité à s'arrêter et à savourer les émotions positives, mais aussi méthodes pour développer l'estime de soi, apporter du soutien aux autres et en demander, s'adapter aux situations nouvelles, utiliser les situations complexes pour apprendre, etc. Chacun tirera un bénéfice de cet apprentissage et deviendra un relais pour les autres.

Cette dimension émotionnelle va au-delà de ce qui est habituellement appelé qualité de vie au travail. Si celle-ci est indispensable, l'enjeu est d'impliquer l'ensemble des acteurs pour provoquer une dynamique positive.

CONSTRUIRE SA STRATÉGIE INTERNE : ARTICULER LES TROIS DIMENSIONS INSPIRATIONNELLE, RATIONNELLE ET ÉMOTIONNELLE

Ces trois dimensions – inspirationnelle, rationnelle et émotionnelle – doivent être pensées et articulées les unes avec les autres. S'inscrire dans un projet qui a du sens, lui donner de la cohérence au quotidien et le vivre dans une dynamique positive sont les leviers de l'efficacité de l'entreprise. Mais aussi le cœur de ce qui fait son agilité et sa résilience. Car si les dirigeants insistent en permanence sur la nécessité d'avoir une entreprise avant tout adaptable, rares sont ceux qui prennent le temps et se donnent les moyens de penser ce que cela signifie. Comme souvent, lorsqu'ils ne veulent pas s'impliquer, ils délèguent le sujet à des spécialistes qui leur trouvent une formation à l'agilité. Puis chacun considère qu'il a fait ce qu'il fallait.

Notons que la vraie qualité de vie au travail n'existe que lorsque les équipes perçoivent les trois dimensions. Le véritable Chief Happiness Officer est donc le patron en personne. Car c'est à lui que revient la responsabilité de construire avec ses équipes la stratégie interne de l'entreprise comme un complément indispensable de la stratégie business ; les dirigeants doivent s'en emparer comme d'une responsabilité première. Mais cette stratégie est plus complexe que la stratégie business. D'abord parce que les dirigeants n'y sont pas familiarisés. Ensuite parce qu'elle suppose souvent qu'ils changent eux-mêmes. Enfin parce que sa mise en œuvre suppose une rigueur et un suivi très attentif.

Toutefois, dès qu'ils prennent le temps de penser la stratégie interne de leur entreprise et y mettent leur énergie, les dirigeants se rendent compte à quel point elle leur simplifie la vie et celle de leurs équipes. Penser est un courage indispensable à cultiver.

À retenir et à partager

- Plus le monde change vite, plus il est nécessaire de prendre du recul pour s'interroger sur la cohérence de son entreprise.
- L'entreprise s'articule autour de trois dimensions :
  - inspirationnelle (la raison d'être de l'entreprise qui animera les acteurs) ;
  - rationnelle (les moyens et process mis en œuvre pour remplir cette mission) ;
  - émotionnelle (la dynamique positive ou négative qui agit sur les acteurs).
- Ces trois dimensions doivent être en phase pour que l'entreprise donne le meilleur d'elle-même.
- Ces trois dimensions identifiées et articulées, le manager pourra en toute lucidité adapter son rôle au gré des situations.

Et vous ?

Tentez d'appliquer cette grille tridimensionnelle à votre entreprise ou unité.

Pouvez-vous décrire en une phrase sa raison d'être ?

Êtes-vous en mesure de faire un lien entre cette raison d'être et ce que vous y faites ?

Comment qualifieriez-vous le climat général de votre entreprise ? L'ambiance dans votre unité ?

Sauriez-vous identifier les éventuels décalages ?

Chapitre 7

Dessiner son rôle et sa valeur ajoutée

MANAGER, UN MOT POUR DÉCRIRE MILLE FONCTIONS

Jusqu'à une période récente, on considérait que le terme « manager » recouvrait une fonction aux caractéristiques repérables. Pour aller vite, le manager était celui qui disposait d'une équipe, l'encadrait et était garant de ses résultats. Cette représentation uniformisée était bien commode. Elle permettait de construire un même et unique parcours de développement pour tous, tout en laissant à chaque entreprise la latitude d'imprimer une coloration spécifique à l'exercice du management, en définissant ce qu'elle attendait de ses managers. Ainsi, les managers étaient-ils tous les mêmes, mais celui qui travaillait chez Coca-Cola avait une petite note différente de celui de Pepsi, comme dans la recette de leurs boissons. Ils recevaient de leur direction un message identique et se retrouvaient tous à échéance régulière dans une grande messe de communication.

Dans la première partie, nous avons montré à quel point cette période est révolue. On utilise le même mot, mais les réalités des uns et des autres n'ont plus rien à voir. Quoi de commun entre celui qui mène son équipe à la baguette façon chef de commando et celui qui s'efforce de donner le pouvoir à ses équipes ? Ou encore entre celui qui passe le principal de son temps avec les clients et celui qui fait tourner une usine ? Et peut-on dire qu'un manager, au même poste, fait le même travail en période de grande croissance, quand son enjeu est de recruter et d'intégrer très vite de nouveaux arrivants, et en période de tension sur son marché, quand il doit réduire les coûts et maintenir le niveau des ventes ?

L'une des principales caractéristiques des organisations actuelles et futures est leur instabilité : tout change très vite. D'où la nécessité de repenser régulièrement la cohérence globale de l'entreprise, comme nous l'avons vu au chapitre 6. Mais il est tout aussi essentiel pour le manager de redéfinir régulièrement sa valeur ajoutée.

Ainsi le manager devient-il un caméléon qui change de fonction au gré de son environnement. Ici, il est le référent technique d'une équipe qui s'appuie sur ses compétences approfondies ; là, il est le relais d'une organisation régie par des process dont il diffuse les instructions et remonte le reporting ; ailleurs, il est animateur d'une équipe mondialisée qui doit trouver les façons de s'ajuster pour travailler de concert. « Les managers voient en effet leurs missions profondément évoluer avec le management 2.0 », souligne Frédéric Fréry, professeur au département Stratégie hommes et organisations de l'ESCP Europe. Loin du management classique (prévoir, organiser, commander, coordonner, contrôler), ils doivent plutôt élaborer, initier, filtrer, animer et incarner la décision collective. « Historiquement décideurs, ils doivent devenir mentors, modérateurs ou porte-parole[66]. »

Il reste néanmoins quelque chose de commun à tous les managers : la matière sur laquelle et avec laquelle ils travaillent est

---

66. Frédéric Joignot, « Du bonheur en boîte », *Le Monde*, 6 septembre 2016, http://www.lemonde.fr/idees/article/2016/06/09/dans-l-entreprise-libe-ree-ni-dieu-ni-contremaitre_4944348_3232.html#s7YFeccUYil17a1S.99

l'humain. En fonction de la maturité des membres de ses équipes, du type d'organisation et du contexte dans lequel il évolue, le manager va devoir s'ajuster aux autres. Ses compétences de base et ses leviers d'action restent donc la compréhension qu'il a des individus et des mécanismes de leur jeu relationnel, afin de les influencer, de les accompagner pour les aider à changer, de veiller à la cohérence du système mis en place, etc.

REVISITER SON ÉTHIQUE DE RESPONSABILITÉ

Élodie dirige une équipe de quinze personnes dans un groupe de cosmétiques. Elle est responsable d'une marque au niveau mondial et une partie de son équipe est dispersée à travers les grandes régions du monde. Depuis quelques mois, une nouvelle initiative a été lancée par le groupe consistant à casser les silos et à faire en sorte que tous les acteurs, qui de près ou de loin, touchent au marketing, coopèrent. Ainsi les responsables des réseaux sociaux, ceux qui traitent les data et d'autres encore sont-ils regroupés avec ses équipes pour travailler ensemble de façon transversale sur les projets.

« Formidable le nouveau projet sur la crème de jour que vous avez poussée sur Facebook », s'exclame son chef enthousiaste. Élodie est totalement décontenancée : elle n'a jamais entendu parler de ce projet. L'émotion qui la saisit est brutale ; elle se rend immédiatement sur le plateau pour demander des explications à ses équipes. Réponse : « Tout le monde nous dit qu'il faut prendre des initiatives, alors on en prend ! » Visiblement, ses collaborateurs ne comprennent pas sa réaction. « Franchement, si je ne suis plus au courant de ce que font mes équipes, je ne sais plus à quoi je sers. »

Il n'est plus question pour le manager d'attendre d'une fiche de poste, voire des objectifs fixés lors de l'entretien annuel, que les collaborateurs rendent compte de la réalité de son terrain. Dans le meilleur des cas, son propre supérieur hiérarchique pourra éventuellement l'aider à redessiner un cadre pour définir sa valeur ajoutée. Mais, en réalité, il revient au manager de se reposer régulièrement la question de son rôle et de le construire, en sachant qu'il est éphémère.

Outre la question de l'utilité du manager se pose celle de sa responsabilité. Il est souvent difficile pour des personnes qui étaient jusqu'ici avant tout garantes des résultats et du contrôle des dépenses de lâcher ces responsabilités et de trouver leur place dans des organisations plus « autoportées ». L'éthique de responsabilité, c'est-à-dire la représentation que le manager a de son rôle, afin de le remplir aux yeux de l'organisation, est en effet bousculée et donc à redéfinir.

Traditionnellement, cette éthique de responsabilité était construite autour de la maîtrise, du contrôle et des résultats. Un chef qui ne décidait pas, qui ne savait pas précisément ce qui se passait au sein de ses équipes et qui ne faisait pas le nécessaire pour obtenir les meilleurs résultats était presque moralement condamnable. En tout cas, tout était fait pour qu'il se sente coupable de ne pas remplir son rôle.

Étant donné la palette très large de valeur ajoutée que ses différents rôles recouvrent aujourd'hui, il est parfois nécessaire que le manager accepte de ne plus maîtriser, contrôler et porter lui-même l'exigence de résultats. Dans ces cas-là, la logique interne sur laquelle il s'est construit pendant des années (les représentations et les émotions qui l'ont guidé jusqu'à présent) est chahutée.

Il ne suffit donc pas au manager de se donner des objectifs : il doit comprendre que pour les atteindre, il lui est nécessaire d'acquérir de la souplesse psychique et comportementale.

Comment redéfinir sur quoi apporter de la valeur ? D'abord en n'étant pas prisonnier du passé. Le risque principal du manager est de reproduire ce qui a marché. Ou encore de s'appuyer sur ce qu'il sait bien faire pour s'y cantonner. De même que le psy s'adapte à chaque patient en fonction de ses difficultés qui sont toujours singulières, de même, le manager doit se méfier des automatismes qui pourraient l'enfermer, regarder ce qu'il vit avec un regard neuf et s'interroger sur les spécificités de la situation.

S'ORIENTER PARMI LES REGISTRES DE VALEUR AJOUTÉE

Le champ de la valeur ajoutée envisageable pour un manager est, sinon infini, du moins très large. Impossible donc d'envisager toutes les situations et les configurations. En revanche, il est utile d'avoir des registres de référence. Points de repère, ils aident à réfléchir. Nous avons identifié dix registres de valeur ajoutée, chacun comportant des sous-catégories.

À chacun de puiser dans ces registres pour construire sa valeur ajoutée à un moment donné et surtout la réviser régulièrement. À chacun de choisir et de limiter sa valeur ajoutée à quelques dimensions mais surtout ne pas chercher à les couvrir toutes. Tout en sachant qu'elles vont se succéder.

1. Fournir une inspiration stratégique cohérente

La tension monte. Dans trois jours, Élodie doit présenter sa stratégie devant son boss et ses pairs. Plus elle y réfléchit, plus elle trouve que ce que lui a préparé son équipe est pauvre. Ce sont plus des plans d'action qu'une stratégie. Elle imagine très bien la réaction de son chef, tournant en dérision sa présentation avec une remarque du genre : « Merci, c'est intéressant, mais c'est quoi ta stratégie ? » Elle sait qu'elle doit prendre du recul et donner plus de vision, mais ça ne vient pas.

La capacité à avoir une vision stratégique de son activité est une des premières choses attendues d'un manager. Cette vision concerne à la fois le positionnement business et la cohérence interne évoquée plus haut. Cette hauteur de vue est aussi le signe que le manager projette son activité au-delà des résultats court terme.

Donner du sens

À la dimension stratégique doit être associée la dimension inspirationelle. En quoi ce qui est réalisé est-il utile ? En quoi la façon de le faire est-elle conforme aux valeurs ? Le manager ne doit pas nécessairement répondre tout seul à ces questions, mais il doit vérifier que la réflexion a été menée. Et si ce n'est pas le cas, il lui revient de l'organiser, puis de s'assurer que chacun se l'est bien appropriée. Sa compréhension de la psychologie des salariés lui fait mesurer la nécessité de se voir dans un projet pourvoyeur de sens.

2. Adapter l'organisation

François, le n + 1 d'Élodie, est arrivé depuis deux mois. Il a fait le tour de son périmètre et il a maintenant les idées claires sur ce qu'il faut changer. Cette organisation par produit enferme tout le monde dans son silo et met les acteurs en rivalité. Il va tout changer pour que les ressources travaillent plusieurs marques et du coup profitent de leurs expériences mutuelles. Son organigramme est refait, il ne lui reste plus qu'à passer à l'acte en prévenant d'abord les principaux intéressés. Il sait que beaucoup vont protester car ils vont perdre en autonomie, mais il ne lâchera pas. Il va falloir que ses n − 1, qui adorent faire leur « petit chef », travaillent littéralement autrement. C'est fini les ordres, le contrôle et les territoires ; place à la collaboration et à l'innovation !

C'est souvent l'une des zones de confort du manager. D'ailleurs arrivés à un nouveau poste, presque tous changent l'organisation, comme s'ils marquaient leur prise de pouvoir par ce rituel. Plutôt que de remanier l'organisation proprement dite, dont le modèle de fonctionnement reste parfois théorique, le manager devrait s'efforcer d'observer la manière dont ses équipes l'utilisent. Car bien souvent les intentions de l'organisation ne s'y reflètent pas. Alors que les équipes devraient collaborer, elles sont en rivalité. Alors qu'elles devraient partager clients et informations, elles les gardent pour elles. Alors qu'elles devraient mettre en commun des moyens, elles contournent la consigne. L'observation du fonctionnement permet de vérifier s'il est en ligne avec l'esprit de l'organisation. Différencier ces deux dimensions, c'est-à-dire ce qui ressort de l'humain et ce qui découle du cadre, permet d'éviter de retoucher l'organisation lorsque ce sont les comportements qui sont dysfonctionnels.

Accompagner les restructurations

Le terme inquiète, il est synonyme de suppression d'emplois. En fait, toutes les organisations ont tendance à accumuler des strates, souvent créées à un moment précis et pour de bonnes raisons. Mais il est nécessaire de les remettre en question régulièrement et de tenter de nouvelles formes. Outre cette mise en mouvement, la valeur ajoutée du manager repose sur sa capacité à faire en sorte que les acteurs comprennent la nécessité de changer, puis de savoir les accompagner. C'est bien dans l'anticipation des risques liés à la résistance au changement et dans sa capacité à les contourner que le manager contribue le plus.

S'effacer pour rendre autonome

Comment rendre son organisation autonome ? C'est-à-dire plus autoportée que dépendante d'une hiérarchie. C'est l'un des enjeux de beaucoup d'entreprises qui souhaitent faire descendre la responsabilité et la prise d'initiative au plus près du terrain. C'est pourquoi elles attendent des managers qu'ils pensent leur organisation de façon évolutive, avec des étapes qui conduisent progressivement les acteurs à prendre cette autonomie. C'est le paradoxe du manager qui doit s'affranchir de son rôle hiérarchique classique et dont le plus grand succès serait à terme de ne plus faire ce qui a été à l'origine même de son succès. C'est un travail sur soi à accomplir, mais aussi une aide à apporter aux autres pour qu'ils osent prendre leur autonomie.

3. Transmettre une conviction, donner du souffle

Il est temps de « vendre » son organisation. François redoute les réactions des équipes. Les premiers échanges en tête-à-tête qu'il a eus avec des collaborateurs lui ont révélé l'étendue de la résistance aux changements qu'il propose. Pourtant, il est sûr de lui. Ce fonctionnement en place depuis vingt ans doit changer. Cet après-midi, il s'exprime devant l'ensemble des équipes concernées, soit plus de cent personnes. Tout son enjeu est de donner du souffle. De montrer que cette nouvelle

*organisation apporte aussi une nouvelle façon de travailler qui va per-
mettre de relever les défis considérables auxquels son entité doit faire
face. Comment transmettre sa conviction et son enthousiasme ?*

Ce que l'on appelle communément la communication, plus
élégamment le leadership, recouvre la capacité à faire passer des
messages, mais aussi à toucher les auditoires.

Convaincre

Trouver les bons arguments, les tourner de façon qu'ils apparaissent
selon une logique et une démonstration forte, savoir les énoncer
avec éloquence : ces compétences constituent la valeur ajoutée en
communication, indispensable au manager tant en interne qu'en
externe, mais surtout dans les situations de crise où une parole
puissante et adaptée est nécessaire. Convaincre suppose aussi de
connaître le niveau de compréhension et de croyance auquel les
interlocuteurs se situent. Car il est toujours indispensable de partir
de l'autre si l'on souhaite avoir de l'effet sur lui.

Toucher

Il ne suffit pas de communiquer, il faut aussi incarner. Le meilleur
discours, aussi bien prononcé soit-il, aura peu d'effet sur l'auditoire s'il n'est pas porté par une personne qui lui donne du sens.
L'impact, c'est le ressenti et les émotions que le discours trans-
met. Pour atteindre un auditoire, il faut exprimer des émotions et
rencontrer celles du public. D'où la nécessité de bien connaître
celui-ci. Ce qui suppose également une certaine capacité à se
révéler et à se mettre en scène. Il y a une dimension bête de scène,
dans le rôle de manager, à ne pas négliger.

4. Garantir le fonctionnement collectif

*« Non, mais tu as compris ce que François a dit la semaine dernière
dans son speech ? Plus question de faire cavalier seul. » Élodie est très
agacée par la réaction d'Amine. Elle vient d'apprendre qu'il a fait trois
réunions pour relancer un shampoing sans associer ni les équipes inter-
nationales ni celles du digital.*

« Tu sais comment ça marche si tu commences à vouloir mettre tout le monde autour de la table, avec les agendas des uns et des autres, impossible de les réunir avant 6 semaines. Et là, pas question d'attendre.

— Ok, mais est-ce que ça t'empêchait de les prévenir, de leur demander leurs idées, leurs contraintes… ?

— En fait, quand tu demandes aux autres leurs idées, personne ne propose jamais rien. Mieux vaut bien boucler tous les éléments du projet et après qu'ils le mettent en œuvre.

— Mais tu n'as rien compris, c'est fini cette façon de travailler. »

Plus rien ne fonctionne de façon solitaire aujourd'hui. L'efficacité réside avant tout dans les interfaces des acteurs. Si pendant longtemps, le bon expert impopulaire pouvait faire une belle carrière en comptant sur la solidité de son savoir, ce n'est plus le cas aujourd'hui. Le bon expert avec qui personne ne veut travailler ne sert plus à rien. Le manager a beaucoup de valeur ajoutée à apporter dans ce domaine.

Faire travailler ensemble

Créer les conditions pour qu'une équipe collabore suppose un cadre, une qualité relationnelle et de la vigilance. Le cadre permet de vérifier que les membres de l'équipe ont un objectif commun, de limiter les champs de rivalité entre les acteurs et de poser les règles du fonctionnement relationnel au sein de l'équipe. La qualité relationnelle est une culture qui s'entretient par des pratiques (organiser les feed-back croisés) et des temps de convivialité. La vigilance est une attention permanente. La qualité de la collaboration se surveille comme le lait sur le feu. Rien n'est plus facile que de laisser des conflits s'installer.

Dénouer les tensions

Les relations se nourrissent des émotions de chacun des protagonistes. Si l'on n'y prend pas garde, les émotions négatives peuvent vite se traduire en conflits. Parfois, il s'agit de conflits silencieux : les protagonistes s'évitent, ne se parlent pas et entretiennent une hostilité larvée. Ces nœuds relationnels sont quasi inévitables, il est fondamental de les identifier, puis d'en comprendre les composantes afin de les aborder avec méthode.

Impulser une dynamique positive

La dynamique positive qui induit des émotions positives chez les acteurs est centrale pour favoriser certains comportements. Comme nous l'avons vu au chapitre 6, il revient au manager de créer les conditions qui favorisent son déclenchement. C'est une tâche multiforme qui englobe un travail sur la mentalité des acteurs, des temps de convivialité, sans oublier la qualité de vie au travail.

5. Accompagner les individus

« Je n'en peux plus avec Amine ! » En désespoir de cause, Élodie vient chercher de l'aide auprès de François. « Mais tu as pris le temps de lui parler ?

— Bien sûr, mais il s'en fout, il est persuadé que plus il la joue solo, plus on reconnaîtra ses mérites et il pourra prendre ma place.

— Bon, je vais le voir pour le recadrer. Venant de moi, ça devrait le calmer.

— La question n'est pas de le calmer, mais de lui faire comprendre qu'on a changé de monde et qu'il est temps qu'il en tire les conséquences.

— Tu crois qu'on devrait le faire coacher ?

— C'est peut-être la solution. »

Pas question de considérer les coéquipiers comme des éléments interchangeables. Les spécificités individuelles doivent être prises en compte. Plus on cherche à fidéliser les collaborateurs, plus ceux-ci veulent être considérés dans leur singularité. L'un est un musicien amateur passionné de jazz qui tiendra à assister à plusieurs festivals au cours de l'année. Requérir sa présence à ces moments-là risquerait de le faire partir. Un autre, dont l'épouse travaille tard le soir, devra absolument récupérer ses enfants à la sortie de l'école. Un troisième voudra prendre un congé sabbatique pour faire le tour du monde dont il rêve depuis toujours. La capacité à combiner les contraintes de l'entreprise avec celles des collaborateurs est fondamentale. Attentif à chacun, le manager veille à ce bon équilibre.

Trouver les bons ressorts

La motivation intrinsèque venant de la personne elle-même, il est utile d'accompagner les collaborateurs individuellement afin d'en comprendre les ressorts. D'autant que chacun connaît des moments de découragement. La qualité de l'écoute et du dialogue est alors essentielle pour permettre au collaborateur de prendre du recul, de mettre en perspective, de hiérarchiser à nouveau et de retrouver une bonne dynamique.

Inciter au dépassement de soi

Le manager n'est pas seulement une oreille attentive, c'est aussi un stimulant. Il challenge, remet en cause, questionne et surtout pousse ses équipiers à aller plus loin. C'est parce qu'il pose des défis difficiles que les collaborateurs vont parfois bien au-delà de ce dont ils se croyaient capables. De même, le manager est là pour maintenir un niveau d'exigence élevé.

Développer ses collaborateurs

La trajectoire de chacun étant unique, le parcours de développement l'est aussi. En tant qu'observateur privilégié, le manager a un rôle de guide et d'orientation vers les domaines les plus cruciaux et les plus utiles pour atteindre les objectifs. La mise à niveau des qualifications – combinaison de compétences comportementales et de compétences techniques – suppose de veiller à ce que les collaborateurs enrichissent en permanence leur expérience. Au manager de susciter ce désir de se remettre en cause et de progresser.

6. Décider et orienter

La réunion devrait être terminée depuis une demi-heure, mais tout le monde comprend bien qu'on ne peut pas en rester là. Ce qui se joue, c'est le sort d'une nouvelle marque lancée il y a six mois et qui n'a pas du tout donné les résultats escomptés. L'enjeu est de savoir s'il faut réinvestir pour la relancer ou simplement décider de la laisser tomber. Autour de la table, les avis sont partagés. L'analyse des causes qui ont conduit à cet échec est claire, mais ne pas les reproduire ne signifie en rien qu'un nouveau lancement marchera. Finalement, tous les regards se tournent vers François : alors, qu'est-ce que tu décides ?

C'est la quintessence de la valeur ajoutée du manager ; celle qui lui procure en général beaucoup de plaisir, car il en retire souvent un sentiment de pouvoir parfois enivrant. Être au cœur du système, choisir selon son bon vouloir, ses convictions, ses analyses ou ses intuitions, quoi de plus exaltant ! En tout cas pour ceux qui aiment voir leur impact direct sur le cours des événements. Or la vraie valeur ajoutée se situe à deux autres niveaux : la prise de risque et la simplification.

Prendre des risques

Le terme « prise de risque » nous paraît préférable à celui de « prise de décision ». Un manager qui décide sans prendre de risque devrait en effet s'interroger. Il devrait probablement déléguer cette décision qui n'est sans doute pas de son ressort. C'est bien souvent lorsque le choix n'est pas évident et que chaque option présente des avantages, que la décision est difficile à prendre.

C'est bien là la valeur ajoutée : oser, faire partager puis assumer. C'est-à-dire s'exposer. Pour cela, il ne suffit pas de bien comprendre tous les paramètres de la décision ; il faut aussi se comprendre soi-même et son rapport à ses propres émotions. L'un ne sera à l'aise que dans les options qui le sécurisent et prendra systématiquement cette orientation ; l'autre, à l'inverse, est excité par le risque et choisira ce qui y correspond. C'est en prenant de la distance par rapport à ses tendances automatiques que l'on peut faire de vrais choix qui ne sont pas guidés à son insu par ses propres émotions.

Simplifier

Face au paradoxe de la multiplication des process alors que tout le monde réclame plus d'agilité, chacun répond par le mot magique : simplifier. Car si les entreprises sont devenues si complexes, c'est qu'elles ont une grande aversion au risque, poussées en cela par les évolutions sociétales qui visent de plus en plus à créer un environnement dont tout risque est exclu. Dans ce contexte, le manager doit comprendre les effets des contraintes organisationnelles sur les individus pour choisir celles qu'il est nécessaire d'alléger en assumant le risque induit.

La simplification est à mettre dans la catégorie de la décision, car il s'agit d'une prise de risque. Simplifier, c'est décider qu'une règle, un process, un reporting, une chaîne de décision ou de vérification ne s'appliquera pas ou pas systématiquement. C'est donc prendre le risque qu'il y ait des erreurs, des malversations, un défaut d'approfondissement. Ce risque doit être explicite et assumé par le manager, en échange d'un fonctionnement plus fluide qui favorise à la fois la rapidité et la prise d'initiative.

La complexité et la bureaucratie des organisations naissent en effet du manque de confiance dans les acteurs qui la font fonctionner. Simplifier est un acte de confiance. On considère que l'intelligence de l'individu sur le terrain est plus efficace et opérationnelle qu'une règle fixée uniforme et universelle. Il faut donc préparer les acteurs à recevoir cette confiance, notamment dans leur capacité à poser un regard critique sur leurs décisions et à se mettre dans un processus d'amélioration permanent.

7. Apporter de l'expertise

Dans ce groupe de travail sur les nouveaux besoins des clients, Élodie est là comme spécialiste des marques. La réunion est animée par un de ses collègues ; il s'agit d'utiliser les compétences de chacun pour tester le marché de façon nouvelle. La question du jour porte sur la création, avec le marketing digital, d'une communauté assez influente pour être prescriptrice. La réunion avançant, Élodie mesure à quel point son métier, à dominante pub télé et affichage il y a quinze ans, a changé. Si elle veut conserver sa réputation de spécialiste du marketing, elle a besoin d'une mise à jour. « Je devrais peut-être suivre un cursus complémentaire », se dit-elle. Elle sait qu'elle doit rester au top sur le plan de ses compétences techniques. Il ne suffit pas de savoir animer une équipe, il faut aussi montrer qu'on sait faire des choses si on veut rester légitime vis-à-vis de toutes les strates de l'organisation.

Le manager n'est plus celui qui commande, mais celui qui, *primus inter pares*, apporte de la valeur en fonction des besoins. Les équipes doivent pouvoir faire appel à ses compétences d'expert. Il est alors invité à mettre la main à la pâte, ce qui, la plupart du temps, n'est pas pour lui déplaire. Il est toujours rassurant de revenir à l'expertise. Faire des choses concrètes apporte de la satisfaction. On pourrait penser qu'il s'agit du seul champ où ses compétences de psy ne lui sont pas utiles. En fait, la mise en œuvre de son expertise est comme une plongée au sein de ses équipes qui lui apprend beaucoup choses sur leur fonctionnement et leurs comportements.

Contribuer

C'est en contribuant que le manager voit ses équipes travailler. Et c'est parce qu'il contribue et qu'il a lui aussi une expertise qu'il est légitime. La légitimité a longtemps été distribuée par l'organisation qui nommait un individu à un poste. Aujourd'hui, cet individu doit prouver qu'il sait de quoi il parle et qu'il est capable d'apporter de la valeur technique. Cette valeur ne nécessite pas forcément d'être reconnue comme le meilleur dans tel ou tel domaine, mais au moins par la capacité de contribution dans un champ spécifique où on lui reconnaît une compétence utile.

Résoudre des problèmes complexes

Entre autres expertises que le manager peut apporter à ses équipes, la capacité d'identifier les problèmes lancinants et de les aborder dans leurs différentes dimensions est très utile. Le recul dont il dispose lui permet d'analyser les situations problématiques et son regard de psy d'y ajouter une compréhension des dimensions relationnelles propres à chaque participant. Il peut ainsi impliquer l'ensemble des acteurs concernés dans la recherche de solutions. Et avoir un rôle essentiel de médiateur sur les sujets mettant en jeu les relations.

Vendre

C'est probablement l'une des contributions les plus valorisées. Quoi de plus important que de faire monter le chiffre d'affaires ? Le manager doit savoir comprendre les clients et les convaincre. Il lui revient d'entretenir un relationnel de qualité avec un réseau de partenaires commerciaux. Il y va de sa crédibilité. Et quand son activité ne le met pas en interface avec les clients, c'est sur sa capacité à vendre les projets de l'équipe en interne qu'il est attendu.

Suivre, identifier, corriger

C'est en garantissant un cadre de suivi rigoureux que le manager peut anticiper les résultats. Plus il intervient en amont, plus il peut alerter les acteurs, les amener à réorienter leurs actions. Maintenir ce cadre, parfois vécu comme laborieux, est fondamental. C'est parce qu'il est contraignant que le manager doit en être le garant. Car toutes les bonnes raisons sont trouvées pour le distendre, voire l'abandonner. L'enjeu est de régulièrement s'interroger sur les bons indicateurs à suivre et dans quel objectif. Bien souvent, en effet, les modalités de reporting sont très lourdes pour les équipes et peu maniables pour ceux qui en reçoivent les résultats. Il s'agit donc d'être rigoureux dans le suivi, en s'astreignant à limiter l'éventail d'indicateurs à ceux qui permettent de réagir au plus vite.

8. Stimuler le changement et l'innovation

« Je ne comprends pas pourquoi tu nous demandes encore de changer. » Comme d'habitude, c'est Amine qui se fait le porte-parole du groupe. La plupart des collaborateurs présents ne s'exprimant pas, Élodie a du mal à évaluer l'impact de son discours. Sa petite voix intérieure lui répète : reste calme. « Ok, est-ce qu'au moins on est d'accord sur ce qui marche bien et ce qui pourrait être amélioré ?

— Ça c'est sûr, il y a plein de choses qui peuvent être améliorées, mais de toutes les façons on n'a pas le temps », reprend Amine.

« Mais à votre avis quel est le risque à ne rien changer ?

— Non mais, tu nous parles comme si on n'avait rien changé depuis la nuit des temps. »

Bon, se dit Élodie, je ne vais rien sortir de cette réunion, il vaut mieux que je leur parle en individuel.

Comme nous l'avons vu plus haut, le manager doit beaucoup plus qu'auparavant combiner la gestion de l'existant qui, une fois l'organisation en ordre de marche, permet d'en maximiser les gains, et le changement qui consiste à remettre en cause le fonctionnement pour l'améliorer. D'un côté, on systématise, on uniformise ; de l'autre on modifie, on expérimente. Ici encore, chacun a un tempérament qui le pousse d'un côté plus que de l'autre.

Avant d'évoquer le changement, il importe de vérifier que les acteurs ne sont pas submergés par le quotidien. C'est l'un des défauts bien réels du fonctionnement actuel des organisations : alors que chacun est saturé par la gestion de ses projets, il lui est demandé en plus d'avoir des idées ou de participer au changement. La hiérarchisation par l'émotion se fait toujours au profit de la production de l'identique, tandis que les injonctions à l'innovation et à la nouveauté restent lettre morte.

Donner l'envie de changer

Le changement est un inconfort pour la plupart des acteurs. Il oblige à un apprentissage de plus en plus difficile à mesure que l'âge avance. Chacun préfère s'appuyer sur ce qu'il maîtrise pour rester en terrain connu et prouver sa performance. Donner envie ne consiste pas à dire aux collaborateurs ce qu'ils ont à faire, mais plutôt à les faire réfléchir. C'est en posant l'ensemble des paramètres d'une situation, puis en s'interrogeant sur les conséquences et les risques à continuer comme avant, que la prise de conscience se fait. Pour autant, cela ne suffit pas à lancer le changement.

Accompagner

Pour que chacun accepte de prendre un risque personnel en sortant de sa zone de confort, il faut qu'il se sente en confiance et accompagné. Cet accompagnement consiste à faciliter l'acquisition de nouvelles habitudes, tant comportementales que techniques. Or prendre des habitudes nécessite du temps et une progression par étapes.

Prendre en compte toutes les dimensions

Le plus facile à changer, ce sont les organisations. Ensuite, il est souvent demandé aux acteurs de faire évoluer leurs comportements. Autrement dit, on agit sur le paramètre le plus simple et accessible, et pour le reste, on formule des souhaits. Comme nous l'avons vu au chapitre 6, c'est en maintenant la cohérence entre les objectifs, le jeu relationnel, l'organisation et les comportements qu'on produit de l'efficacité. Il s'agit donc de faire bouger tous les paramètres en même temps.

Encourager l'essai/erreur

Le changement ne procède pas uniquement d'un processus vertical du haut vers le bas. En réalité, plus il vient des acteurs exprimant eux-mêmes une envie d'amélioration, plus il se fait aisément. Cela suppose que chacun se sente autorisé à tenter des expériences, au risque qu'elles ne marchent pas comme prévu. Comme pour le développement personnel, il est nécessaire de cultiver l'esprit critique sans y mettre d'échelle de valeurs. On n'est pas dans un registre de bien ou de mal, mais d'efficacité plus ou moins élevée.

9. Favoriser l'ouverture et les réseaux

« Une learning expedition ? Mais tu sais ce que ça coûte ?

— Oui, c'est un investissement, mais l'équipe piétine, elle ne se rend pas du tout compte de la nécessité de changer, elle a besoin d'un choc. Quand elle verra ce que nous préparent les start-up de la Silicon Valley,

elle comprendra à bien des égards à quel point nous sommes encore au XXe siècle. Et puis, je veux lui donner le goût de s'ouvrir aux nouveautés. On tourne en rond au siège à nous observer les uns les autres, il est temps de passer à autre chose. »

Le manager n'est pas seulement tourné vers l'intérieur de l'entreprise. Il doit se ressourcer, se nourrir, s'inspirer de ce qu'il voit et apprendre ailleurs. C'est pourquoi il est indispensable qu'il rencontre régulièrement à l'extérieur des pairs et des experts qui le bousculent et le challengent sur le plan intellectuel.

Bien sûr, la compétence du manager ne se limite pas à celle du psy. Mais on a pu constater tout au long de l'énumération des facettes de sa fonction à quel point cette dimension est présente. En revanche, une chose est sûre : sans cette compétence de psy, le manager ne peut plus apporter la valeur qui est attendue de lui. D'une certaine façon, l'ultime dimension de la valeur ajoutée du manager conjugue toutes les autres : c'est sa capacité à incarner. Autrement appelée l'exemplarité.

10. Agir en conscience pour incarner

Emmanuel Macron a choisi le terme de « premier de cordée » pour parler des leaders d'aujourd'hui. L'image est intéressante, car elle montre bien que le leader est lié à ses équipes. Il les guide, il est devant, mais il dépend d'elles. Il ne peut pas les contraindre, seulement les inspirer, les encourager, leur donner envie.

À l'évidence, les moteurs de l'action, de l'engagement et de l'investissement des acteurs ont évolué. Leur carburant est de plus en plus celui de la motivation intrinsèque : les salariés font les choses, moins pour obtenir une récompense ou éviter une punition, que parce qu'ils trouvent une satisfaction dans la tâche à accomplir.

Pour jouer ce rôle de premier de cordée, le manager doit avant tout travailler sur l'effet qu'il produit. Sujet complexe s'il en est. Certes, l'effet produit sur les autres dépend de son propre comportement, mais pas seulement. L'état émotionnel de ceux qui le perçoivent est aussi déterminant. Quand il s'agit de combiner l'inspirationnel, le rationnel et l'émotionnel, cette dernière dimension est bien la plus difficile à appréhender et à prendre en compte.

L'émotion passe en effet par la relation. Le manager doit instaurer un mode relationnel qui lui donne de la crédibilité et inspire confiance. Comme la relation est un ajustement permanent, il a besoin de recueillir des feed-back réguliers sur la façon dont il est perçu par son entourage. Feed-back qui lui servent à faire évoluer son comportement en fonction de ses interlocuteurs.

L'instrument de travail du manager est avant tout l'éventail de ses propres comportements. Sur quoi doit-il changer et comment le faire sans se sentir remis en cause ? Ceux qui y parviennent le mieux savent équilibrer un savant dosage de confiance en soi et de réelle humilité.

L'EXPÉRIENCE N'EST PAS TOUJOURS UN ATOUT

L'humilité (au sens où Mathieu Ricard l'entend : être affranchi de l'importance de soi) est là pour rappeler au manager que ses réussites passées ne garantissent en rien son futur. Au contraire, la réussite encourage la reproduction de ce qui a marché auparavant ; elle fait perdre la capacité d'évaluer la nouveauté d'une situation, car l'expérience nous incite à chercher dans le contexte ce qui ressemble à ce que l'on connaît afin de le reproduire. Or la particularité de notre monde actuel est qu'il produit de plus en plus de nouveautés et repose de moins en moins sur un référentiel déjà connu.

L'un des exemples qui illustrent le mieux le passage d'un modèle basé sur l'expérience à un modèle basé sur l'appréciation de la situation a été l'arrivée chez Microsoft de Satya Nadella, en remplacement de Steve Ballmer. Ce dernier venait de racheter Nokia dans une logique de confrontation frontale avec Apple. Son successeur a très vite renoncé à cette confrontation pour se mettre dans une logique de complémentarité. De même, il est passé d'un mode de management très vertical et directif, qui avait très bien fonctionné jusque-là, à un modèle donnant beaucoup plus de liberté au terrain et encourageant la prise d'initiatives. Cette humilité, il l'a exprimée dès sa première prise de parole après sa nomination. Et malgré son succès, il ne s'en est pas départi. Elle ne l'empêche en rien d'incarner une réelle exemplarité, bien au contraire.

LE MANAGER, TERRAIN D'EXPÉRIMENTATION PERSONNELLE

L'un des pièges réside dans les routines. Elles sont indispensables, très utiles et rassurantes. Elles évitent en effet de se poser trop de questions. Chacun sait ce qu'il a à faire selon un calendrier préétabli. Tout est évidence : les choses ont été fixées, il n'y a plus qu'à se mettre à la même place, avec les mêmes acteurs, en adoptant une posture parfaitement bien rodée. En mettant sa tenue de travail le matin, on entre dans un rôle que l'on connaît d'autant mieux qu'on l'a appris sur le terrain. Il n'y a plus qu'à le jouer ; il vient naturellement.

Or ce n'est plus un rôle unique qu'endosse le manager, mais une multitude de fonctions qui se succèdent et s'entrecroisent. Il entame sa journée dans la peau du leader inspirant qui insuffle et diffuse du sens, puis le voilà contributeur à un projet piloté par l'un de ses pairs, voire l'un de ses collaborateurs, il se trouve ensuite à négocier un contrat important avec un client, etc. Plus question de conserver la même posture et des comportements stéréotypés. La capacité à être conscient du type de valeur ajoutée qu'il doit apporter à chaque moment et la faculté d'ajuster ses comportements en fonction de celle-ci, mais aussi de la spécificité de ses interlocuteurs, sont devenues centrales pour le manager.

Cette capacité d'adaptation suppose de la souplesse. Elle se développe et s'entretient par une gymnastique comportementale. D'abord, comme on l'a vu, il s'agit de se méfier des automatismes ; puis d'être conscient de la valeur ajoutée qu'on apporte à chaque moment. Ce qui nécessite de prendre du recul, même brièvement, afin d'analyser le contexte dans lequel on se trouve et de s'interroger sur la contribution qu'on doit y apporter en tant que manager.

L'anticipation n'est pas toujours possible ou, plus exactement, très rares sont ceux qui se l'autorisent et qui parviennent à se l'imposer dans un agenda qui déborde en permanence. Déjà qu'on arrive en retard aux réunions, si en plus il fallait prendre le temps de savoir ce qu'on doit y apporter, l'objectif qu'on veut atteindre, et donc la posture comportementale à adopter… Plus encore, il faut aussi prendre du temps après, pour évaluer les effets de ce que l'on a produit.

Comme la souplesse physique, la souplesse comportementale suppose des exercices réguliers. De même qu'on entretient la première en s'exerçant à des postures différentes de celles de la vie courante, de même entretient-on la seconde en allant contre nos réflexes, pour sortir de nos zones de confort et tenter des postures nouvelles. La souplesse comportementale suppose d'élargir les registres. Le manager lui-même est un terrain d'innovation et d'expérimentation. Il pratique l'essai/erreur sur ses propres comportements, avec la même méthode que celle qu'il préconise à ses équipes. Une fois qu'il a compris celle-ci et qu'il parvient à se lancer, pouvoir échanger avec un tiers devient extrêmement précieux. Tant sur ses difficultés que sur ses succès.

Avoir un interlocuteur

Si le coaching s'est tant développé, c'est qu'il apporte aux managers une méthode d'expérimentation sur eux-mêmes, un cadre qui permet de prendre du recul de façon régulière et surtout un interlocuteur de confiance. Car en se mettant en situation de changer, le manager se met aussi en risque d'échouer. Le témoin de ce travail doit donc être formé, afin de porter sur lui un regard bienveillant et l'aider à trouver des pistes de progrès.

C'est rarement la posture de son n + 1, de ses collègues ou des représentants de la fonction RH. Non pas qu'ils soient malveillants, mais ils ne peuvent pas être neutres, c'est-à-dire ne pas être affectés par les informations qu'ils recueillent lors de ces mises en danger. C'est pourquoi il est plus simple de rechercher un interlocuteur extérieur. Outre sa capacité à guider par étapes progressives, il aide à prendre du recul, à absorber les charges émotionnelles intenses, à s'interroger sur l'effet produit, à se positionner dans les jeux relationnels complexes. Plus on demande au manager, plus il est important qu'il dispose de ces plages de respiration et de réflexion sur sa façon d'agir et les effets de son action.

Se réajuster au réel

Avoir un interlocuteur extérieur ne remplace en rien les feedback internes. La formule en anglais dit : *a feedback is a gift*. Un cadeau ? Lorsqu'ils invitent à échanger sur eux-mêmes, les acteurs ont plutôt l'impression de subir un déversement de critiques. D'ailleurs, leur réaction spontanée est souvent de se « défendre » ou au moins de se justifier. Pourtant le manager sait qu'il est toujours plus dangereux d'ignorer ce que pense son entourage que de le savoir. Certes, l'entourage peut surréagir sur le plan émotionnel. Mais cette surréaction est en soi une information précieuse. Et comprendre l'effet que l'on produit est encore plus précieux.

Avoir des remontées régulières s'organise. Il est nécessaire de solliciter en continu ses collaborateurs les plus proches et, bien sûr, de les remercier de leur retour, quel qu'en soit le contenu. Surtout s'il ne correspond pas aux attentes initiales. L'un des sujets importants à mettre en perspective est le décalage potentiel entre ses propres aspirations et l'image que les autres ont de soi. L'évolution, si elle est nécessaire, se construisant à partir de cette image, il faut donc la connaître au préalable.

Cet ajustement au réel se fait aussi par rapport aux événements. Ils viennent en permanence remettre en cause ce qui a été fixé. Pour les gérer, la réaction habituelle est d'ajouter du temps à un agenda déjà bien rempli par les routines. Mais c'est laisser à l'émotion le soin de choisir les priorités. Au risque d'être très schématique, on pourrait dire que chacun d'entre nous porte naturellement son attention et son énergie vers ce qui le préoccupe le plus ou lui procure le plus de plaisir. Sans même y réfléchir, car la charge émotionnelle occupe le champ de conscience et oriente l'action. Le manager va souvent confondre ce qui le touche en tant qu'individu et les priorités liées à son rôle. S'inquiétant, par exemple, de ce qu'on va penser de lui, il peut lui arriver d'agir en fonction de cette perception supposée, alors que la décision qu'il prend à ce moment-là n'est pas forcément la plus utile pour régler la situation qui se présente.

Remettre en perspective et hiérarchiser de nouveau les priorités demande donc une discipline et un exercice sur soi qui sont loin d'être évidents. C'est ce que nous avons développé dans la deuxième partie. D'autant, qu'au-delà de sa propre personne, il est souvent utile d'aider ses équipes à se recentrer elles aussi sur l'essentiel et à préserver leurs capacités de coopération.

Mesurer l'effet produit, mais à quelle échéance ?

L'une des difficultés nouvelles pour les managers et pour les organisations qui les emploient est de mesurer leur performance. Lorsque leur rôle était stable et limité, des objectifs étaient assignés à chaque mission, suivis par des KPI. Non seulement il est attendu des managers un immense spectre d'interventions, mais leurs effets n'en sont pas toujours mesurables et encore moins à court terme. L'échéance de l'entretien annuel pour faire changer les mentalités d'équipes, simplifier une organisation ou favoriser la prise d'initiatives des collaborateurs paraît courte. De plus, ces évaluations rapprochées incitent à se concentrer sur l'immédiat et à laisser tomber les actions qui s'inscrivent dans le temps long. À chaque fois qu'ils définissent leur valeur ajoutée, les managers doivent donc avoir la discipline de s'interroger sur les critères de suivi de leur action. Pour éviter les effets de court terme, il est utile d'avoir des points d'étapes qui invitent à mesurer l'effet produit et à réajuster les comportements en conséquence.

Maintenir avant tout son propre équilibre

L'émotion nous guide, l'émotion nous galvanise, l'émotion nous déborde, l'émotion nous piège. Si la question du burn-out n'a jamais été aussi prégnante, c'est que l'entreprise met les managers dans des situations où ils ont à supporter les incohérences du système, tout en les convaincant qu'ils sont responsables de la bonne santé psychique de leurs collaborateurs. Or le manager doit avant tout se préserver, pour entretenir son adaptabilité et donc son envie de changer, pour ne pas se laisser submerger par les tâches et les pressions de toutes sortes.

Comme nous l'avons vu dans la deuxième partie consacrée au psychisme, il est nécessaire que le manager s'entraîne afin de préserver son libre arbitre, sa lucidité et une bonne compréhension de son entourage. L'ensemble des développements présentés au fil de cet ouvrage vise à l'encourager à se doter d'un bon équilibre de vie. Rappelons que cela suppose d'investir son énergie émotionnelle dans différents champs. Vie personnelle, familiale, intime, sexuelle, d'une part. Vie sociale, amicale, relationnelle, d'autre part.

Si on n'y prend garde, la vie professionnelle capte toute l'énergie. Les managers ont pourtant l'illusion que leur vie est équilibrée car ils ont une famille et des amis. En réalité, ces deux champs ne leur servent qu'à récupérer de leur épuisement professionnel. Ils ne sont donc pas investis de façon positive, mais entretenus comme des béquilles. Cela met considérablement en risque les managers. En effet, sans qu'ils s'en rendent compte, ils se désinvestissent émotionnellement pour tout mettre dans le travail. Ce qui finit par les fragiliser.

Le manager du XXIe siècle a plus que jamais besoin de lucidité, de prise de recul, de développement personnel et d'adaptation. Il ne peut y réussir que s'il entretient activement son équilibre personnel.

À retenir et à partager

- Le rôle du manager n'est plus monolithique. Il lui revient d'adapter son comportement au rôle attendu de lui selon les situations.

- Nous avons identifié dix principaux registres de valeur ajoutée : élaborer une stratégie, adapter l'organisation, transmettre ses convictions, garantir le fonctionnement collectif, accompagner les individus, décider et orienter, apporter de l'expertise, stimuler le changement, favoriser l'ouverture, incarner l'action.

- Jongler avec cette panoplie demande souplesse psychique et agilité mentale, prise de recul et feed-back, entretien de l'équilibre personnel et parfois accompagnement.

Et vous ?

Dans quels rôles vous reconnaissez-vous le plus souvent ?

Lesquels vous demandent-ils le plus d'efforts ?

Lesquels devriez-vous jouer davantage ?

Conclusion

Jamais les entreprises n'ont été aussi multiformes, aussi bousculées et mises en compétition ; bref, attaquées tous azimuts. Jamais leurs managers n'ont été aussi malmenés. En cause, les disruptions technologiques combinées aux soubresauts de la mondialisation. Les firmes les plus affectées par ce monde volatil, incertain, complexe et ambigu (VUCA) sont les plus anciennes et les mieux installées. Ce sont celles dont la rente, établie depuis plusieurs décennies, est grignotée, voire dévorée, par les « nouveaux barbares ».

L'ambivalence des *incumbents* vis-à-vis de la digitalisation et l'obligation de changer de modèle se comprend : bouleverser leur modèle est très coûteux en temps, en énergie et en inconfort. Pour un résultat on ne peut plus incertain. Tous les dirigeants savent cependant que l'immobilisme est mortel, mais aucun ne sait à quelle échéance. Chacun fait donc en fonction de son âge, de sa capacité à changer, de son audace. Autrement dit, l'avenir des entreprises se joue en grande partie sur la psychologie des dirigeants.

Encore faudrait-il qu'ils s'autorisent la disponibilité d'esprit pour penser le sujet tant dans son diagnostic que dans les solutions à y apporter. Il est tellement plus confortable de gérer le quotidien en absorbant toutes les sollicitations et en continuant à faire comme d'habitude. Tant que les résultats sont là et que le marché suit, tout va bien.

Or pour surfer dans ce monde VUCA et y survivre, les entreprises auront de plus en plus besoin de managers exceptionnels, tant par leur capacité à être des hommes ou des femmes orchestre que par leur talent à entraîner, à donner envie, à faire collaborer le corps social qui les entoure. C'est-à-dire travailler avec des individus, leur personnalité, leurs émotions. Autrement dit, plus que jamais les managers sont « psys ».

Ils sont psys en commençant, avant toute chose, par apprendre à se comprendre, à se réguler, à se mettre dans une démarche de progrès par rapport à eux-mêmes. C'est pourquoi ils ont besoin de clés de lecture pour interpréter leurs propres émotions, biais et préjugés qui déterminent leurs réactions et leurs comportements, ainsi que ceux de leur entourage.

Les managers en excès de charge mentale, voient leur équilibre attentionnel menacé par d'innombrables distractions créées pour capter leur attention. Ils connaissent alors des moments d'hyperexcitation, se désorganisent, adoptent des comportements stéréotypés sous le coup des émotions et le poids des habitudes. Au fil de la journée, ils subissent des pertes d'énergie et de motivation pour tout ce qui nécessite des efforts immédiats en vue de succès futurs.

Mieux se connaître leur apportera le calme et la lucidité nécessaires pour adopter le plus souvent possible des comportements stratégiques en phase avec la situation dans laquelle ils se trouvent, afin d'obtenir les effets qu'ils recherchent.

C'est pourquoi les managers « psys » doivent comprendre comment leur pensée est influencée et agir pour préserver leur liberté psychique. Ils seront attentifs à maintenir leur équilibre attentionnel pour rester concentrés sur leurs objectifs prioritaires. Face au flux, ils sauront prendre le temps de se préparer pour se remémorer les enjeux de long terme et définir leurs points d'attention prioritaires dans les situations cruciales. Ils prendront soin de s'organiser des temps de récupération pour garder intactes leurs capacités d'adaptation. Enfin, dans un environnement où les sollicitations sont toujours supérieures aux capacités d'action, ils auront la lucidité de renoncer quand ce sera nécessaire.

L'expérience est beaucoup moins utile qu'aux générations précédentes. Pire, elle peut s'avérer contre-productive. La réutilisation ou la réactualisation des recettes du passé est un piège. Car la façon dont les problèmes se posent nécessite une ouverture d'esprit qui permet non pas de les assimiler à des problèmes du passé, mais au contraire de voir ce qu'ils véhiculent de nouveau. D'où la nécessité d'avoir à la fois suffisamment de confiance en soi pour agir et prendre des risques et suffisamment d'humilité pour remettre en cause ses certitudes.

Cette complexité inédite du monde renouvelle entièrement le métier de manager ; elle le rend certes plus exigeant, mais aussi beaucoup plus passionnant. Fini les recettes qui marchent à tous les coups, fini les modèles que l'on reproduit avec la certitude de réussir. Les managers doivent inventer à chaque étape et à chaque moment de leur pratique. Leur quotidien sera de moins en moins routinier. Leurs rôles beaucoup plus diversifiés.

Cette nouvelle complexité est aussi porteuse d'opportunités. Ceux qui les saisissent joueront de l'effet accélérateur et démultiplicateur des possibilités offertes par une planète hyperconnectée et des technologies disruptives. Les nouvelles générations perçoivent ces changements. Elles ont conscience qu'il n'est plus question de tout sacrifier à la vie professionnelle, à la fois parce que cela fragilise les individus et parce qu'on y perd ses capacités de recul. Les futurs managers savent qu'ils devront changer de métier plusieurs fois. De ce monde qui émerge, ils sauront choisir ce qui leur convient.

Aider les jeunes managers consistera à leur demander de mieux interagir les uns avec les autres, d'utiliser davantage leur intelligence pratique en osant prendre des initiatives et de s'adapter aux aléas de l'environnement en faisant preuve d'imagination. Avant de le devenir eux-mêmes, ils auront encore besoin de managers psy pour les accompagner et les aider à gagner en autonomie.

Table des figures et encadrés

Index

Mise en pages : STDI

Dépôt légal : mars 2019
Imprimé en Allemagne par BoD

9 782212 571691